ITALIAN for COMMUNICATION

Level One
Revised Edition

BY
GARY A. MILGROM
John F Kennedy High School, Bronx, New York

General Editor:
Kate Cohen
Author, The Neppi Modona Diaries

Consultants:
Giacomo Tenace
East Brunswick Public Schools, East Brunswick, New Jersey

Martha DePrisco
William H. Bodine High School for International Affairs
Philadelphia, Pennsylvania

Illustrations by
Jared Richman

Copyright © 1991, 1998 by CURRICULUM PRESS, INC.
Albany, New York
ISBN 0-941519-25-2

ABOUT THE AUTHOR

Gary Milgrom graduated from the City College of New York with a Bachelor of Arts Degree in Spanish. He earned a Masters Degree in Spanish from New York University in Spain at the University of Madrid.

In 1985 Mr. Milgrom represented all Bronx High Schools for "Teacher of the Year" in New York City.

He has taught Spanish in junior high school, senior high school, and at the community college and four year college level.

He has conducted many workshops throughout the country at the local, state and national levels on the following topics:

Thematic Approach to the Teaching of Foreign Languages

The Student-Centered Classroom

Mastery Learning Applied to the Teaching of Foreign Languages

Spiraling: From Checkpoint A to Checkpoint B in the New York State Curriculum: ***Modern Languages for Communication***

Mr. Milgrom is a Teacher of Spanish at
John F. Kennedy High School, Bronx, New York

TABLE OF CONTENTS

CHI SONO IO?
COSÌ SONO IO.

Prima parte

☐ **Topic**
Personal identification

☐ **Situation**
Interaction with individual peers in the classroom

☐ **Function**
Introducing oneself, greeting, leave-taking
Exchanging basic information of personal identification

☐ **Proficiency**
Can comprehend simple questions and
respond appropriately with possible need for repetition

☐ **A**IM **1**

Each student will be able to introduce himself/herself to a peer and be able to ask "What's your name?"

☐ **A**IM **2**

Each student will be able to greet a peer asking "How are you?" and be able to respond

☐ **A**IM **3**

Each student will be able to take leave of his/her peers

☐ **A**IM **4**A

Each student will be able to identify and locate the regions of Italy and the seas that surround the peninsula

☐ **A**IM **4**B

Each student will be able to ask a peer, "Where are you from?" and be able to respond

☐ **A**IM **5**A

Each student will be able to add and subtract using numbers 0–10

☐ **A**IM **5**B

Each student will be able to ask a peer "What's your telephone number?" and be able to respond

☐ **A**IM **6**A

Each student will be able to add and subtract using numbers 1–20

☐ **A**IM **6**B

Each student will be able to ask a peer "How old are you?" and be able to respond

 **Aim 1** *Each student will be able to introduce himself/herself to a peer and be able to ask "What's your name?"*

═════ **PRATICA ORALE** ═════

1. **Giovanni:** Mi chiamo Giovanni. E tu, come ti chiami?

   Maria: Mi chiamo Maria.

2. **Elena:** Mi chiamo Elena. E tu, come ti chiami?

   Carlo: Mi chiamo Carlo.

═════ **PRATICA DI CONVERSAZIONE** ═════

1. Introduce yourself to three other peers near you and after each introduction ask *E tu, come ti chiami?* Begin to learn the names of your classmates as you will be speaking Italian to them throughout this course.

2. Chain drill by rows: The first student introduces himself/herself and then asks the second student in the row *E tu, come ti chiami?* The second student answers the question and then introduces himself/herself to the third student followed by the appropriate question.

═════ **PRATICA SCRITTA** ═════

Write the question you would ask of a peer to find out his/her name. Then write how you would respond to this question.

RIASSUNTO

1. One or two pairs of students can act out the following roles for the whole class. Note that one or more lines may be missing so that some thought will be required.

2. Pairs of students throughout the class can work together to practice the dialogues.

A. **Marisa:** Mi chiamo Marisa.
E tu, _____?
Antonio: Mi chiamo Antonio.

B. **Giovanni:** _____.
E tu, come ti chiami?
Anna: Mi chiamo Anna.

C. **Franco:** Mi chiamo Franco.
E tu, come ti chiami?
Michele: _____.

D. **Sabrina:** _____.
E tu, come ti chiami?
Lucia: _____.

NOTA CULTURALE

In English when one person addresses another, the person is addressed as "you," regardless of the relationship. In Italian when a young person addresses a peer, the person is addressed as *"tu."* Two adults who call each other by their first names also use *"tu."* *"Tu"* is known as the familiar or informal form of address.

VOCABOLARIO

E tu?   *And you?*
Come ti chiami?   *What's your name?*
Mi chiamo ...   *My name is ...*

Antonio	*Anthony*	Anna	*Ann*
Carlo	*Charles*	Lucia	*Lucy*
Paolo	*Paul*	Elena	*Ellen*
Giuseppe	*Joseph*	Maria	*Mary*
Giovanni	*John*	Marisa	*Marisa*
Michele	*Michael*	Sabrina	*Sabrina*
Pietro	*Peter*		

Nota culturale

Religion plays an important part in the lives of Italians. Many Italian first names are given in honor of saints of the Catholic Church. A very important custom is to celebrate the name day, which is called the *onomastico.* This celebration is as popular as our birthday party. It is customary to have a party on your *onomastico* and to receive gifts and flowers. All the cities and towns in Italy have special celebrations to honor the saint who protects them. For this reason children will very often be named after that saint so that their *onomastico* will be marked by a special celebration. For example in Rome, June 29 is the celebration of St. Peter and St. Paul. For this reason, two popular names in Rome are *Pietro* and *Paolo.* Other important name days are St. Anthony (June 13), St. Joseph (March 19), and St. John (June 24).

The dome of the church of St. Peter in Rome by Michelangelo

Aim 2 *Each student will be able to greet a peer asking "How are you?" and be able to respond*

PRATICA ORALE 1

Sto bene.

Sto molto bene.

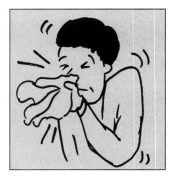

Sono ammalato.

Sono ammalata.

Sono stanco.

Sono stanca.

PRATICA ORALE 2

1. **Isabella:** Ciao! Come va?
   Tommaso: Sto bene. E tu?
   Isabella: Sto molto bene, grazie.

2. **Pietro:** Ciao! Come stai?
   Carla: Sto bene. E tu?
   Pietro: Così così.

3. **Rosa:** Come stai, Paolo?
   Paolo: Sono stanco. E tu?
   Rosa: Molto bene, grazie.

4. **Vincenzo:** Come va, Teresa?
   Teresa: Sono molto stanca. E tu?
   Vincenzo: Anch'io.

▰▰▰▰▰ DOMANDA CHIAVE ▰▰▰▰▰

When responding to the question *Come stai?* or *Come va?*, if a female answers with an adjective ending in the letter "a," in what letter must the adjective end for a male? From what example did you get your answer? How would a male say "I'm sick?" How would a female say it?

▰▰▰▰▰ PRATICA DI CONVERSAZIONE ▰▰▰▰▰

1. Ask two other peers near you *Come stai?* and two more *Come va?* and listen carefully to each response.

2. Situations: Take turns playing the following roles with your partner.

a. You meet a friend between classes. Ask him/her how s/he is. S/he responds that s/he is very tired.

b. As you enter the school, you see one of your classmates. Greet him/her. S/he responds that s/he is so-so.

c. After school you call a good friend who was not in class that day. Greet him/her. Ask him/her how s/he is. S/he responds that s/he is sick.

▰▰▰▰▰ PRATICA SCRITTA ▰▰▰▰▰

1. Write a question you would ask of a peer or friend to find out how s/he is. Then write how you would respond.

2. Write the **Pratica di conversazione**, number 2, a., b. and c. in dialogue form.

3. Write two original four-line dialogues showing how one peer greets another, receives a response, and then asks about the health of the other (with an appropriate response). Write the name of each speaker.

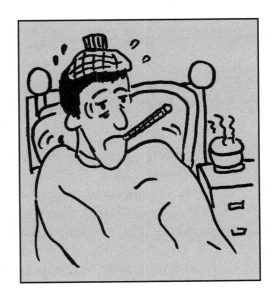

VOCABOLARIO

Ciao! Come va? *Hello! How are you?*
Ciao! Come stai? *Hello! How are you?*
Sto bene. *I am fine. / I am well.*
Sto molto bene. *I am very well.*
Così così. *I am so-so.*

Sono stanco(a). *I am tired.*

Sono ammalato(a). *I am sick.*

E tu? *And you?*
Anch'io. *Me too.*
Grazie. *Thank you.*

Isabella *Isabel*
Paolo *Paul*
Pietro/Piero *Peter*
Rosa *Rose*
Teresa *Theresa*
Tommaso *Thomas*
Vincenzo *Vincent*

Aim 3 *Each student will be able to take leave of his / her peers*

PRATICA ORALE

1. **Filippo:** Arrivederci, Sabrina.
   Sabrina: Arrivederci, Filippo.

2. **Elena:** Arrivederci, Michele.
   Michele: A più tardi.

3. **Rosa:** Arrivederci, Carlo.
   Carlo: A domani, Rosa.

4. **Tommaso:** Arrivederci, Anna.
   Anna: Ciao, Tommaso.

5. **Marisa:** Arrivederci, Antonio.
   Antonio: Ci vediamo, Marisa.

PRATICA DI CONVERSAZIONE

Situations: Play the following roles with your peer partner.

1. You say goodbye to your friend at the end of class. S/he responds.
2. You are chatting with your friend between classes. The bell rings so you say goodbye. S/he responds that s/he will see you later.
3. At the end of the school day you tell your friend that you will see him/her tomorrow. Your friend responds.

◼◼◼ PRATICA SCRITTA ◼◼◼

1. Write the **Pratica di conversazione**, numbers 1, 2 and 3.

◼◼◼ RIASSUNTO ◼◼◼

One or two pairs of students can play the roles for the entire class followed by peer practice.

A

1. **Pietro:** Ciao! _____?

2. **Isabella:** Sono molto stanca. E tu?

3. **Pietro:** _____.

4. **Isabella:** Ciao, Pietro.

5. **Pietro:** _____.

B

1. **Anna:** Ciao! Come va?

2. **Giuseppe:** _____.
   _____?

3. **Anna:** Anch'io.

4. **Giuseppe:** _____.

5. **Anna:** Arrivederci, Giuseppe.

◼◼◼ VOCABOLARIO ◼◼◼

Addio.   *Goodbye.*
Arrivederci.   *Goodbye. / So long.*
A domani.   *See you tomorrow.*
Ci vediamo.   *See you soon.*
A più tardi.   *See you later*
Ciao.   *Hello. / Goodbye. (informal)*

Each student will be able to identify and locate the regions of Italy and the seas that surround the peninsula

▣▣▣ PRATICA ORALE ▣▣▣

Come si chiamano le regioni d'Italia? Individual students come to the wall map to point out the location of the twenty regions of Italy as the entire class repeats each region's name.

1. la Val d'Aosta
2. il Piemonte
3. la Lombardia
4. la Liguria
5. il Trentino-Alto Adige
6. il Veneto
7. il Friuli-Venezia Giulia
8. l'Emilia Romagna
9. la Toscana
10. l'Umbria
11. le Marche
12. il Lazio
13. l'Abruzzo
14. il Molise
15. la Campania
16. la Puglia
17. la Basilicata
18. la Calabria
19. la Sicilia
20. la Sardegna

PRATICA DI CONVERSAZIONE

Peer practice in groups of two.

1. *Dov'è la regione del Piemonte? (Il Piemonte) è al nord dell'Italia.* One partner asks the question as the other answers pointing to his/her map. Partners can take turns asking and answering the question until all the regions have been mentioned.

2. *Dov'è il Mare Tirreno? – (Il Mare Tirreno) è all'ovest dell'Italia.*
   Dov'è la Sicilia? – (La Sicilia) è al sud dell'Italia.
   Dov'è il Mare Adriatico? – (Il Mare Adriatico) è all'est dell'Italia.
   Dov'è il Lazio? – (Il Lazio) è al centro dell'Italia.
Partners take turns asking each other in what part of Italy each region is located.

DOMANDA CHIAVE

How do we ask where something is located? This phrase is also used to ask where a person is located.

PRATICA SCRITTA

1. Write the **Pratica di conversazione,** number 2. Write both the twenty questions (twenty regions) and the appropriate answers.

2. Examine once again the geographic regions under study. Write and complete the following statements with the appropriate word or expression.

   a. Italy is easily identified because it is shaped like a _____.
   b. The two regions that are also islands are _____ and _____.
   c. Two regions on the northeastern part of Italy are _____ and _____.
   d. Two regions of central Italy are _____ and _____.
   e. Two regions of southern Italy are _____ and _____.
   f. A region that is on the border of France is _____.
   g. A region that borders the Ionian Sea is _____.
   h. The region on the heel of Italy that borders the Adriatic Sea is _____.

> ### Nota culturale
> Within the country of Italy, between the regions of Emilia Romagna and Le Marche, is the independent Republic of San Marino. This is the oldest and smallest republic on earth. It has 21,000 inhabitants living in an area of 24 square miles, roughly the size of Manhattan Island. Large income producers for San Marino are the postal stamps and the very fine coins that are minted there. The official language is Italian.

Riassunto

On a blank map write the name of each of the regions of Italy and the four principal bodies of water that surround Italy.

Vocabolario

Dove si parla italiano?   *Where is Italian spoken?*
  Si parla italiano in Italia.   *Italian is spoken in Italy.*
Dov'è ...?   *Where is ...?*
  ... è nel nord.   *... is in the north.*
    Il Veneto
    La Liguria
    Il Piemonte

  ... è al centro.   *... is in the center.*
    Il Lazio
    La Toscana
    L'Umbria

  ... è nel sud.   *... is in the south.*
    La Sicilia
    La Calabria
    La Basilicata

Il Mare Adriatico   *The Adriatic Sea*
  Dov'è il Mare Adriatico?
    ... è all'est dell'Italia.   *... to the east of Italy.*
Il Mare Ionio   *The Ionian Sea*
Il Mare Tirreno   *The Tyrrenian Sea*
  Dov'è il Mare Tirreno?
    ... è all'ovest dell'Italia.   *... to the west of Italy.*
Il Mare Ligure   *The Ligurian Sea*

 **Aim 4b** *Each student will be able to ask a peer "Where are you from?" and be able to respond*

PRATICA ORALE

1. **Antonio:** Di dove sei?

   Marisa: Sono di Firenze.

2. **Sabrina:** Di dove sei?

   Vincenzo: Sono degli Stati Uniti.

PRATICA DI CONVERSAZIONE

1. Each student is given the opportunity to state the place of his/her birth for the entire class.

2. Ask three students near you *Di dove sei?* and listen carefully to each response.

3. Chain drill by rows: The first student says *Sono di* _____, and then asks the next student the appropriate question.

PRATICA SCRITTA

Write the question you would ask of a peer to find out where s/he is from. Then write how you would respond.

RIASSUNTO

Two pairs of students can play the roles for the entire class followed by peer practice.

A

1. **Giovanni:** Ciao! Mi chiamo Giovanni. E tu, _____?

2. **Milena:** _____. Di dove sei?

B

1. **Marisa:** Ciao! _____?

2. **Michele:** Mi chiamo Michele. E tu?

3. **Giovanni:** _____. E tu?

4. **Milena:** _____.

5. **Giovanni:** Arrivederci, Melina.

6. **Milena:** _____, Giovanni.

3. **Marisa:** _____. _____?

4. **Michele:** Sono di Milano. E tu?

5. **Marisa:** _____. A domani.

6. **Michele:** _____.

Vocabolario

Di dove sei?   _Where are you from?_
    Sono di _____.   _I'm from _____._
    Sono degli Stati Uniti.   _I'm from the United States._

 **Aim 5a**   _Each student will be able to add and subtract using numbers 0–10_

Pratica orale

I numeri 0–10					
0 zero	**1** uno	**2** due	**3** tre	**4** quattro	**5** cinque
6 sei	**7** sette	**8** otto	**9** nove	**10** dieci	

Pratica di conversazione

To help us learn numbers 0–10, let us learn to add and subtract. We will need to know how to say "plus" and "minus" to practice.

2 + 5 = ?   Due più cinque fa sette.   9 - 6 = ?   Nove meno sei fa tre.
4 + 6 = ?   Quattro più sei fa dieci.   8 - 7 = ?   Otto meno sette fa uno.

First, Partner A asks his partner *Quanto fanno_____ più _____?* for a problem of addition or *Quanto fanno _____ meno _____?* for a subtraction problem. Partner B must repeat the numbers to be added or subtracted and then give the answer. Then Partner B asks the other set of problems.

Examples:

Partner A: 3 + 5 = ? *Quanto fanno tre più cinque?*
Partner B: *Tre più cinque fanno otto.*

Partner A: 10 - 4 = ? *Quanto fanno dieci meno quattro?*
Partner B: *Dieci meno quattro fanno sei.*

Partner A	Partner B	Partner A	Partner B
1. 3 + 7 = ?	1. 6 + 3 = ?	5. 8 - 2 = ?	5. 7 - 4 = ?
2. 1 + 8 = ?	2. 2 + 8 = ?	6. 9 - 4 = ?	6. 8 - 3 = ?
3. 2 + 4 = ?	3. 4 + 3 = ?	7. 10 - 3 = ?	7. 10 - 1 = ?
4. 5 + 2 = ?	4. 1 + 4 = ?	8. 6 - 5 = ?	8. 5 - 3 = ?

Note: Either *fa* or *fanno* may be used to translate the word "equals" when the number is more than one. For number one, *fa* is always used.

Example: 2 + 2 = 4   *due più due fanno quattro*
or
due più due fa quattro
but
2 - 1 = 1   *due meno uno fa uno*

 **PRATICA SCRITTA**

Write in Italian words the answers to the problems of the **Pratica di conversazione**. (Partner A answers #1–8 and Partner B answers #1–8.) Write your answers in complete sentences.

Example:
A #1. *Tre più sette fanno dieci.*   **B** #5. *Sette meno quattro fanno tre.*

Aim 5b *Each student will be able to ask a peer "What is your telephone number?" and be able to respond*

PRATICA ORALE

1. **Marisa:** Qual'è il tuo numero telefonico?
   Antonio: Il mio numero telefonico è cinque-due-quattro-zero-sette-tre.

2. **Vincenzo:** Qual'è il tuo numero telefonico?
   Sabrina: Il mio numero telefonico è otto-tre-sei-nove-uno-due-zero.

PRATICA DI CONVERSAZIONE

1.   Ask two other students near you *Qual'è il tuo numero telefonico?* and listen carefully to each response.

2.   Chain drill by rows.

PRATICA SCRITTA

1.   Write the question you would ask of a peer to find out what his/her telephone number is. Then write how you would respond.

2.   Write the telephone numbers in Italian words of ten people who live in the city of Florence. Write both name and number.

> *Example:*   **Maria Marino:**   cinque-zero-uno-sei-tre-sei

```
MARCOTEX (S.A.S.) Etichette in Tessuto
    6 v. Mameli Goffredo - Sovigliana Spicchio   50 11 01
MARCUCCI Bruno, 51 v. della Chiesa
    Collegonzi ------------------------------- 57 81 41
 »  Rino, 28 loc. Plastrino ----------------- 56 77 14
MARCUZZI Maurizio, 11 v. Turati Filippo
    Sovigliana Spicchio --------------------- 50 95 43
MARE Donato, 40 v. Toiano - Gabbialla ------ 55 90 22
 »  Michele, 40 v. Toiano - Gabbialla ------ 55 90 13
MARENA CALZE (S.N.C.)
    28 v. Sanzio Raffaello - Sovigliana Spicchio 50 96 42
MARGELLI Giuseppe
    8 v. Copernico Niccolo' - Sovigliana Spicchio 50 99 39
MARIANELLI Sirio, Agente Assicurazione
    Unipol 17 v. Togliatti-Sovigliana ------- 50 02 16
MARIANI Automobili 183 v. L. da Vinci
    Sovigliana ------------------------------ 50 85 98
MARIANI Mario, Macelleria 97 v. Empolese
    Sovigliana Spicchio --------------------- 50 81 90
MARINELLI Angelo, v. Petrarca-Spicchio --- 50 11 55
 »  Marina, 15 v. della Costituente
    Sovigliana ------------------------------ 50 11 69
MARINI Brunello, 8 v. Galilei - Sovigliana -- 50 94 86
 »  Sergio, Impianti Riscaldamento
    Condizionamento 51 v. Amendola Giovanni
    Sovigliana Spicchio --------------------- 50 90 05
MARINO Maria, 72 v. Machiavelli
    Sovigliana ------------------------------ 50 16 36
MARIOTTI Luca, 22 v. Boncompagni
    Sovigliana ------------------------------ 50 05 00
 »  Massimo, 128/a v. Borgo Nuovo --------- 56 77 08
 »  Ottavio, 4 v. Lamporecchiana ---------- 5 61 28
MARITI Sandro, 8 v. Marmugi Spartaco
    Sovigliana ------------------------------ 50 15 39
MARKET CARTA Tutto per L'Imballaggio
    65/67 v. del Palazzo - Spicchio --------- 50 83 09
MARMUGI Carlo, 5 p. Risorgimento
    Sovigliana Spicchio --------------------- 50 18 01
 »  Franco, 6 v. Togliatti - Spicchio ------- 50 94 44
 »  Noemi, 2 v. Maroncelli - Sovigliana ----- 50 11 10
 »  Roberto, 5 v. Togliatti
    Sovigliana Spicchio --------------------- 50 81 77
 »  Roberto, 101 v. L. da Vinci - Sovigliana - 50 97 67
 »  Serrano, 6 v. Oberdan
    Sovigliana Spicchio --------------------- 50 88 23
 »  rag. Vinicio, 84 v. Empolese - Sovigliana  50 84 76
MARRADI Angiolino, 38 v. Puccini Giacomo   56 77 35
 »  Enzo, 4 v. Filzi - Sovigliana ----------- 50 17 49
 »  Guido, 74 v. D. Alighieri - Sovigliana --- 50 97 15
 »  Italo, 23 v. Togliatti - Spicchio -------- 50 81 06

MASONI Gaetano, 10 v. Empolese
    Sovigliana Spicchio --------------------- 50 14 60
 »  Giulio, 114 v. Empolese - Sovigliana ----- 50 01 91
 »  Guido, 175 v. Limitese-Spicchio --------- 57 78 25
 »  Pietro, Molatura Vetro 47 v. L. da Vinci
    Sovigliana ------------------------------ 50 03 29
 »  Primo, 36 v. Maremmana la Stella ------- 58 56 87
 »  Rossano, 49 v. Comunale
    Sovigliana Spicchio --------------------- 50 80 82
 »  Vincenzo, 51 v. C. Battisti - Sovigliana - 50 81 69
MASOTTI MANGANI Sonia
    48 v. Curtatone e Montanara ------------ 50 97 08
MASSAINI Giovanna, 39 v. Machiavelli
    Spicchio -------------------------------- 50 91 50
 »  Silvestro, 32 v. del Palazzo - Spicchio --- 50 85 60
 »  Teresa, 8 v. Limitese - Spicchio -------- 50 96 53
MASSARO Luca, 4 v. del Plastreto - Vitolini  58 44 07
MASSI Francesco, 74 v. del Palazzo
    Spicchio -------------------------------- 50 11 47
MASSONI Liliano, 152 v. Empolese
    Sovigliana Spicchio --------------------- 50 17 32
MASTRANDREA Antonio
    51 v. Capannelle - S. Ansano in Greti --- 58 42 17
MASTRANDREA FRATELLI S.N.C.
    Impresa Edile v. Valsugana -------------- 5 66 94
 »  FRATELLI S.N.C. Lavori Edili
    78/b vl. Togliatti Palmiro - Sovigliana ----- 50 04 81
MASTRANDREA Mario
    3 v. Cino da Pistoia -------------------- 56 79 07
 »  Salvatore, v. Valpusteria --------------- 56 78 76
MATI Alberto, v. Galilei - Sovigliana ------ 50 85 57
 »  Santino, 23 v. Amendola - Sovigliana --- 50 00 28
MATINI rag. Sergio, 9 v. Grocco - Sovigliana 50 99 96
MATTALIANO dr. Vincenzo
    16 Lgarno Battisti - Sovigliana Spicchio ---- 50 03 03
MATTEACCI Laura, 13 v. Comunale
    Sovigliana ------------------------------ 50 04 80
MATTEOLI Giuliano, 19 v. del Palazzo
    Spicchio -------------------------------- 50 95 31
 »  Luigi, 32 v. D. Manin - Spicchio -------- 50 91 12
 »  Mario, Officina Meccanica
    v. Provinciale Montalbano - Bivio Streda -- 50 11 95
 »  Renato, 25 v. Buonarroti Michelangelo
    Sovigliana Spicchio --------------------- 50 12 41
 »  Tiziana, Mangimi Orto e Giardino
    16 vl. Togliatti - Sovigliana Spicchio ------ 50 81 05
MATTESINI Matteo, 87 v. del Palazzo
    Spicchio -------------------------------- 50 87 85
MATTEUCCI Adriana, 1 v. Petrarca
    Spicchio -------------------------------- 50 94 87
 »  Elena, 35 v. N. Sauro - Sovigliana ------- 50 18 31
```

> *Note:* Italians group phone numbers in twos or threes. When you learn higher numbers you will be able to read the numbers above as double or triple digits.

PRATICA DI COMPRENSIONE

You will hear three telephone numbers in Italian. After the second repetition of each number, write it in Arabic numbers.

Example: sette-quattro-tre-cinque-uno-otto-zero   743–5180

VOCABOLARIO

Quanto fanno _____ più _____?   *How much is _____ plus _____?*
Quanto fanno _____ meno _____?   *How much is _____ minus _____?*

più   *plus*
meno   *minus*

I numeri 0–10   *numbers 1–10*

zero	*zero*	cinque	*five*
uno	*one*	sei	*six*
due	*two*	sette	*seven*
tre	*three*	otto	*eight*
quattro	*four*	nove	*nine*
		dieci	*ten*

Qual'è il tuo numero telefonico?   *What is your telephone number?*
Il mio numero telefonico è _____ .   *My telephone number is _____ .*

Aim 6a   *Each student will be able to add and subtract using numbers 1–20*

PRATICA ORALE

I numeri 11–20

11 undici	**12** dodici	**13** tredici	**14** quattordici
15 quindici	**16** sedici	**17** diciassette	**18** diciotto
19 diciannove	**20** venti		

PRATICA DI CONVERSAZIONE

Partner **A** asks Partner **B** *Quanto fanno_____ più _____?* for a problem in addition or *Quanto fanno _____ meno _____?* for a subtraction problem. Partner **B** must repeat the numbers to be added or subtracted and then give the answer. Then Partner **B** asks the other set of problems.

Examples:

Partner A:	12 + 6 = ?	*Quanto fanno dodici più sei?*
Partner B:		*Dodici più sei fanno diciotto.*
Partner A:	19 - 5 = ?	*Quanto fanno diciannove meno cinque?*
Partner B:		*Diciannove meno cinque fanno quattordici.*

Partner A	**Partner B**	**Partner A**	**Partner B**
1. 11 + 6 = ?	1. 9 + 8 = ?	6. 20 - 15 = ?	6. 17 - 5 = ?
2. 3 + 9 = ?	2. 12 + 3 = ?	7. 16 - 7 = ?	7. 13 - 10 = ?
3. 13 + 5 = ?	3. 6 + 7 = ?	8. 12 - 8 = ?	8. 20 - 6 = ?
4. 4 + 14 = ?	4. 9 + 11 = ?	9. 19 - 5 = ?	9. 18 - 7 = ?
5. 8 + 7 = ?	5. 5 + 14 = ?	10. 11 - 4 = ?	10. 15 - 9 = ?

PRATICA SCRITTA

Write the answers to the **Pratica di conversazione** (Partner B columns, numbers 1–10) in complete sentences. Example from Partner A, #1:
11 + 6 = ?   *Undici più sei fa diciassette.*

Quanto fanno dodici più otto? Dodici più otto ...

Each student will be able to ask a peer "How old are you?" and be able to respond

Aim 6b

PRATICA ORALE

1. **Pietro:** Quanti anni hai?
   Elena: Ho quattordici anni.

2. **Rosa:** Quanti anni hai?
   Tommaso: Ho sedici anni.

PRATICA DI CONVERSAZIONE

1. Ask three other students near you *Quanti anni hai?* and listen carefully to each response.

2. Chain drill by rows: The first student tells his/her age and then asks the second student how old s/he is.

PRATICA SCRITTA

Write the question you would ask of a peer to find out how old s/he is. Then write how you would answer the question.

PRATICA DI COMPRENSIONE

You will hear the ages of five people. After the second repetition write each age in Arabic numbers.

Ho quattordici anni.

RIASSUNTO

One or two pairs of students can play the roles for the entire class followed by peer practice.

A

1. **Giacomo:** Ciao! _____?
2. **Carlo:** Mi chiamo Carlo. E tu?
3. **Giacomo:** _____. Di dove sei?
4. **Carlo:** _____ . E tu?
5. **Giacomo:** _____. Quanti anni hai?
6. **Carlo:** _____. E tu?
7. **Giacomo:** _____. Qual'è il tuo numero telefonico?
8. **Carlo:** _____.
9. **Giacomo:** Arrivederci, Carlo.
10. **Carlo:** _____, Giacomo.

B

1. **Sabrina:** Ciao! _____?
2. **Marisa:** Sto bene. E tu?
3. **Sabrina:** _____. _____?
4. **Marisa:** Ho quindici anni.
5. **Sabrina:** _____?
6. **Marisa:** Sono di Firenze.
7. **Sabrina:** _____?
8. **Marisa:** Il mio numero telefonico è 703-6495.
9. **Sabrina:** A domani, Marisa
10. **Marisa:** _____, Sabrina.

VOCABOLARIO

undici	*eleven*	sedici	*sixteen*
dodici	*twelve*	diciassette	*seventeen*
tredici	*thirteen*	diciotto	*eighteen*
quattordici	*fourteen*	diciannove	*nineteen*
quindici	*fifteen*	venti	*twenty*

Quanti anni hai? *How old are you?*
Ho _____ anni. *I am _____ years old.*

SITUAZIONE

You meet an exchange student from Italy in one of your classes and you decide to get to know him or her. Do the following:

1. greet the person
2. ask this person's name
3. ask where the person is from
4. ask the person's age
5. ask the person for his/her telephone number
6. take leave of the person

This role-play can be done two times with **different partners** to enable each student to do it successfully and experience the satisfaction of mastery. Partners can change roles each time.

Ho otto anni.

CHI SONO IO?
COSÌ SONO IO.

Seconda parte

□ **Topic**

Personal identification

□ **Situation**

Interaction with individual peers in the classroom

□ **Function**

Introducing oneself, greeting, leave-taking
Exchanging basic information of personal identification

□ **Proficiency**

Listening and speaking: Can comprehend simple
  questions and respond appropriately with possible need
  for repetition
Can ask questions appropriate to the communicative situation

☐ **AIM 1A**
Each student will be able to ask "What's today's date?" and be able to respond

☐ **AIM 1B**
Each student will be able to ask a peer "When is your birthday?" and be able to respond

☐ **AIM 2**
Each student will be able to ask a peer "In what year were you born?" and be able to respond

☐ **AIM 3**
Each student will be able to ask a peer "Where do you live?" and be able to respond

☐ **AIM 4**
Each student will be able to ask a peer "What are you like?" and be able to respond

☐ **AIM 5**
Each student will be able to ask a peer "What do you like to do?" and "What don't you like to do?" and be able to respond

 **Aim 1a** *Each student will be able to ask "What's today's date?" and be able to respond*

═══ **PRATICA ORALE 1** ═══

I numeri 21–30

21	ventuno	**24**	ventiquattro	**27**	ventisette
22	ventidue	**25**	venticinque	**28**	ventotto
23	ventitré	**26**	ventisei	**29**	ventinove
				30	trenta

═══ **DOMANDE CHIAVE** ═══

1. What numbers do we need to know to be able to state any date?
2. If we know numbers 21–30, what other numbers can we figure out?
3. How do we say in Italian 31, 34, 37, 39?
4. What differences do we see in numbers 21 and 28?

═══ **PRATICA ORALE 2** ═══

I mesi dell'anno

gennaio	January	**maggio**	May	**settembre**	September
febbraio	February	**giugno**	June	**ottobre**	October
marzo	March	**luglio**	July	**novembre**	November
aprile	April	**agosto**	August	**dicembre**	December

═══ **PRATICA ORALE 3** ═══

As your teacher states a few dates in Italian, see how many you can recognize. ***Examples:*** *1. È il 14 novembre. 2. È il 27 febbraio. 3. È il 31 luglio. 4. È il 19 agosto. 5. È il primo aprile. 6. È l' 11 dicembre.*

***Note:* An exception** is the first of each month, which is expressed by *il primo*: June 1—*il primo giugno.*

═══ **DOMANDE CHIAVE** ═══

1. Are the months of the year capitalized in Italian when used in a sentence?
2. What does the word *"È"* mean in the **Pratica orale 3?**
3. To state a date in Italian, which comes first, the day or the month?

PRATICA ORALE 4

1. **Anna:** Che giorno è oggi?
   Paolo: Oggi è il 13 settembre.

2. **Gino:** Che giorno è oggi?
   Elena: Oggi è il 24 febbraio.

PRATICA DI CONVERSAZIONE

1. Ask two classmates near you, *Che giorno è oggi?*
2. Peer partners take turns asking the question and answering according to the dates circled on each calendar.

   Examples:

   May 4 ("the fourth of May") — *Oggi è il quattro maggio.*
   July 12 ("the twelfth of July") — *Oggi è il dodici luglio.*
   October 1 ("the first of October") — *Oggi è il primo ottobre.*

Partner A asks:	Partner B asks:

1 — gennaio

Lunedì	Martedì	Mercoledì	Giovedì	Venerdì	Sabato	Domenica
						1
2	3	4	5	6	7	8
9	10	11	12	13	14	15
16	(17)	18	19	20	21	22
23 30	24 31	25	26	27	28	29

1 — gennaio

Lunedì	Martedì	Mercoledì	Giovedì	Venerdì	Sabato	Domenica
						1
2	3	4	5	6	7	8
9	10	11	(12)	13	14	15
16	17	18	19	20	21	22
23 30	24 31	25	26	27	28	29

2 — febbraio

Lunedì	Martedì	Mercoledì	Giovedì	Venerdì	Sabato	Domenica
		1	2	3	4	5
6	7	8	9	10	11	12
13	14	15	16	17	18	19
20	21	22	23	24	25	(26)
27	28					

2 — febbraio

Lunedì	Martedì	Mercoledì	Giovedì	Venerdì	Sabato	Domenica
		1	2	3	4	5
6	7	8	9	10	11	12
13	14	15	16	17	18	19
20	21	22	23	(24)	25	26
27	28					

3 — marzo

Lunedì	Martedì	Mercoledì	Giovedì	Venerdì	Sabato	Domenica
		1	2	3	4	5
6	7	8	(9)	10	11	12
13	14	15	16	17	18	19
20	21	22	23	24	25	26
27	28	29	30	31		

3 — marzo

Lunedì	Martedì	Mercoledì	Giovedì	Venerdì	Sabato	Domenica
		1	2	3	4	5
6	7	8	9	10	11	12
13	14	15	16	17	18	(19)
20	21	22	23	24	25	26
27	28	29	30	31		

4   aprile

Lunedì	Martedì	Mercoledì	Giovedì	Venerdì	Sabato	Domenica
					1	2
3	4	5	6	7	8	9
10	11	12	13	(14)	15	16
17	18	19	20	21	22	23
24	25	26	27	28	29	30

5   maggio

Lunedì	Martedì	Mercoledì	Giovedì	Venerdì	Sabato	Domenica
(1)	2	3	4	5	6	7
8	9	10	11	12	13	14
15	16	17	18	19	20	21
22	23	24	25	26	27	28
29	30	31				

6   giugno

Lunedì	Martedì	Mercoledì	Giovedì	Venerdì	Sabato	Domenica
			1	2	3	4
5	6	7	8	9	10	11
12	13	14	15	16	17	18
19	20	21	22	23	24	25
26	27	28	29	(30)		

7   luglio

Lunedì	Martedì	Mercoledì	Giovedì	Venerdì	Sabato	Domenica
					1	2
3	4	5	6	7	8	9
10	11	12	13	14	15	16
17	18	19	20	21	22	(23)
24/31	25	26	27	28	29	30

8   agosto

Lunedì	Martedì	Mercoledì	Giovedì	Venerdì	Sabato	Domenica
	1	2	3	4	5	6
7	8	9	10	11	12	13
14	15	16	17	(18)	19	20
21	22	23	24	25	26	27
28	29	30	31			

4   aprile

Lunedì	Martedì	Mercoledì	Giovedì	Venerdì	Sabato	Domenica
					1	2
3	(4)	5	6	7	8	9
10	11	12	13	14	15	16
17	18	19	20	21	22	23
24	25	26	27	28	29	30

5   maggio

Lunedì	Martedì	Mercoledì	Giovedì	Venerdì	Sabato	Domenica
1	2	3	4	5	6	7
8	9	10	11	12	13	14
15	16	17	18	19	20	21
22	23	24	25	26	27	28
29	30	(31)				

6   giugno

Lunedì	Martedì	Mercoledì	Giovedì	Venerdì	Sabato	Domenica
			1	2	3	4
5	6	7	8	9	10	11
12	13	14	(15)	16	17	18
19	20	21	22	23	24	25
26	27	28	29	30		

7   luglio

Lunedì	Martedì	Mercoledì	Giovedì	Venerdì	Sabato	Domenica
					(1)	2
3	4	5	6	7	8	9
10	11	12	13	14	15	16
17	18	19	20	21	22	23
24/31	25	26	27	28	29	30

8   agosto

Lunedì	Martedì	Mercoledì	Giovedì	Venerdì	Sabato	Domenica
	1	2	3	4	5	6
7	8	9	10	11	12	13
14	15	16	17	18	19	20
21	22	23	24	25	26	(27)
28	29	30	31			

9 settembre

Lunedì	Martedì	Mercoledì	Giovedì	Venerdì	Sabato	Domenica
				1	2	3
4	5	6	7	8	9	10
(11)	12	13	14	15	16	17
18	19	20	21	22	23	24
25	26	27	28	29	30	

9 settembre

Lunedì	Martedì	Mercoledì	Giovedì	Venerdì	Sabato	Domenica
				1	2	3
4	5	6	7	8	9	10
11	12	(13)	14	15	16	17
18	19	20	21	22	23	24
25	26	27	28	29	30	

10 ottobre

Lunedì	Martedì	Mercoledì	Giovedì	Venerdì	Sabato	Domenica
						1
2	3	4	5	6	7	8
9	10	11	12	13	14	15
16	17	18	19	20	21	22
23 (30)	24 31	25	26	27	28	29

10 ottobre

Lunedì	Martedì	Mercoledì	Giovedì	Venerdì	Sabato	Domenica
						1
2	3	4	5	6	7	8
9	10	11	12	13	14	15
16	17	18	19	20	21	22
23 30	24 (31)	25	26	27	28	29

11 novembre

Lunedì	Martedì	Mercoledì	Giovedì	Venerdì	Sabato	Domenica
		1	2	3	4	5
6	7	8	9	10	11	12
13	14	15	16	17	18	19
20	21	22	23	24	(25)	26
27	28	29	30			

11 novembre

Lunedì	Martedì	Mercoledì	Giovedì	Venerdì	Sabato	Domenica
		1	2	3	4	5
6	7	8	9	10	11	12
13	14	15	(16)	17	18	19
20	21	22	23	24	25	26
27	28	29	30			

12 dicembre

Lunedì	Martedì	Mercoledì	Giovedì	Venerdì	Sabato	Domenica
				1	2	3
4	5	6	7	8	9	(10)
11	12	13	14	15	16	17
18	19	20	21	22	23	24
25	26	27	28	29	30	31

12 dicembre

Lunedì	Martedì	Mercoledì	Giovedì	Venerdì	Sabato	Domenica
				1	2	3
4	5	6	7	8	9	10
11	12	13	14	15	16	17
18	19	20	21	(22)	23	24
25	26	27	28	29	30	31

PRATICA SCRITTA

1. Write the question you would ask of another person to find out what today's date is. Then respond to this question.

2. Write the following dates in Italian. ***Example:*** July 3 — *il tre luglio*

1. May 5
2. March 24
3. June 16
4. April 30
5. August 15
6. January 17
7. September 1
8. February 28
9. November 12
10. July 31
11. December 14
12. October 29

PRATICA DI COMPRENSIONE

You will hear five dates in Italian. After the second repetition, write the date you hear in Arabic numbers. **Example:** *il ventuno marzo* — March 21

VOCABOLARIO

trenta   *thirty*   il primo   *the first (of any month)*

I mesi dell'anno   the months of the year

gennaio *January*   maggio *May*   settembre *September*
febbraio *February*   giugno *June*   ottobre *October*
marzo *March*   luglio *July*   novembre *November*
aprile *April*   agosto *August*   dicembre *December*

Che giorno è oggi?   *What is today's date?*
   Oggi è il _____.   *Today is _____.*
   È il _____.   *It's _____.*

 Aim 1b   *Each student will be able to ask a peer "When is your birthday?" and be able to respond*

PRATICA ORALE

1. **Gianni:** Quando è il tuo compleanno?
   Anna: Il mio compleanno è il tredici agosto.

2. **Elena:** Quando è il tuo compleanno?
   Gino: Il mio compleanno è il primo dicembre.

PRATICA DI CONVERSAZIONE

Ask four students near you *Quando è il tuo compleanno?* and listen carefully to each response. Next, ask the four students the same question again only this time record each response in your notebook and be able to do the **Pratica scritta** that follows.

PRATICA SCRITTA

1. Write the question you would ask of a peer to find out his or her birthday. Then respond to this question.
2. Write the birthdays of four of your classmates.

Example: John's birthday (January 30) — *Il compleanno di Giovanni è il trenta gennaio.*

VOCABOLARIO

Quando è il tuo compleanno?   *When is your birthday?*
   Il mio compleanno è il _____ _____.   *My birthday is _____.*

Il mio compleanno è oggi, il 7 maggio.

Aim 2

Each student will be able to ask a peer "In what year were you born?" and be able to respond

════════ **PRATICA ORALE 1** ════════

I numeri 40–100

40	quaranta	**70**	settanta	**100**	cento
50	cinquanta	**80**	ottanta		
60	sessanta	**90**	novanta		

════════ **PRATICA DI CONVERSAZIONE 1** ════════

1. Partner **A** states the first group of numbers in Italian to Partner **B**. Then Partner **B** states the second group of numbers to Partner **A**.

Examples:

47	quarantasette	88	ottantotto	79	settantanove
64	sessantaquattro	51	cinquantuno	95	novantacinque

Partner **A** states:
57, 49, 98, 72, 65, 84, 21, 16, 33

Partner **B** states:
83, 59, 91, 65, 46, 74, 37, 18, 22

════════ **PRATICA ORALE 2** ════════

1. **Gina:** In quale/che anno sei nato?
   Paolo: Sono nato nel 1948.
   (mille novecento quarantotto)

2. **Vincenzo:** In quale/che anno sei nata?
   Anna: Sono nata nel 1969.
   (mille novecento sessantanove)

3. **Elena:** In quale anno sei nato?
   Massimo: Sono nato nel 1952.
   (mille novecento cinquantadue)

4. **Giovanni:** In che anno sei nata?
   Isabella: Sono nata nel 1971.
   (mille novecento settantuno)

PRATICA DI CONVERSAZIONE 2

1. Ask three classmates near you *In quale anno sei nato(a)?* and listen carefully to each response.
2. Partner **A** states: 1953, 1979, 1946, 1987, 1931, 1964, 1995
   Partner **B** states: 1972, 1945, 1994, 1968, 1936, 1951, 1989

PRATICA SCRITTA

1. Write the question you would ask of a peer to find out the year in which s/he was born. Then respond to this question.
2. Write the years of the **Pratica di conversazione 2**.
   Example: 1946 — *mille novecento quarantasei*

PRATICA DI COMPRENSIONE

Listen carefully as your teacher states a few years of the 20th century in Italian. After the second repetition, write the year you hear in Arabic numbers.
Examples:
   mille novecento cinquantotto — *1958*
   mille novecento ventiquattro — *1924*

VOCABOLARIO

In quale/che anno sei nato(a)?   *In what year were you born?*
Sono nato(a) nel _____.   *I was born in _____.*
mille   *one thousand*   novecento   *nine hundred*

I numeri 40–100   *Numbers 40–100*

quaranta	*forty*	settanta	*seventy*	cento	*one hundred*
cinquanta	*fifty*	ottanta	*eighty*		
sessanta	*sixty*	novanta	*ninety*		

**Aim 3**

Each student will be able to ask a peer
"Where do you live?" and be able to respond

PRATICA ORALE 1

1. **Angela:** Dove abiti?
   Tonino: Abito nella città di New York, nel Bronx.

2. **Lina:** Dove abiti?
   Enzo: Abito a Los Angeles, nello stato di California.

PRATICA ORALE 2

1. Ask two peers near you *Dove abiti?* and listen carefully to each response.
2. Chain drill by rows.

PRATICA SCRITTA

Write the question you would ask of a peer to find out where s/he lives. Then write how you would answer this question.

Dove abiti?
Abito a Roma.

RIASSUNTO

One or two pairs of students can play the roles for the entire class followed by peer practice.

A

1. **Enzo:** _____?

2. **Teresa:** Abito a Miami, nello stato di Florida. E tu?

3. **Enzo:** _____. _____?

4. **Teresa:** Il mio compleanno è il 12 marzo.

5. **Enzo:** _____.

6. **Teresa:** Sono nata nel 1976. E tu?

7. **Enzo:** _____. A domani, Teresa.

8. **Teresa:** _____, Enzo.

B

1. **Rosa:** Quando è il tuo compleanno?

2. **Giovanni:** _____.

3. **Rosa:** In quale anno sei nato?

4. **Giovanni:** _____. E tu?

5. **Rosa:** _____. Dove abiti?

6. **Giovanni:** _____. E tu?

7. **Rosa:** _____. _____, Giovanni.

8. **Giovanni:** Arrivederci, Rosa.

VOCABOLARIO

Dove abiti?   *Where do you live?*
　　Abito a _____.   *I live in _____. (name of city)*
　　Abito ...
　　　　... in città   *... in the city*
　　　　... nella città di New York
　　　　　　...in the City of New York or in New York City
　　　　... nello stato   *... in the state*
　　　　... nello stato di California   *... in the state of California*

Note: in and la contract to become *nella*
　　　　in and lo contract to become *nello*

 **Aim 4** *Each student will be able to ask a peer "What are you like?" and be able to respond*

PRATICA ORALE 1

The following people are describing themselves. Can you figure out what they are saying?

Sono alto.   Sono basso.

Sono grasso.   Sono magro.

Sono vecchio.   Sono giovane.

Sono ricco.   Sono povero.

Sono forte.   Sono debole.

Sono brutto.   Sono bello.

PRATICA ORALE 2

1. **Rosa:** Come sei?
   Pietro: Sono alto, giovane e forte.

2. **Carlo:** Come sei?
   Isabella: Sono alta, giovane e forte.

3. **Rosanna:** Come sei?
   Antonio: Sono basso, magro e bello.

4. **Enzo:** Come sei?
   Gianna: Sono bassa, magra e bella.

Note: the characteristics of people in **Pratica orale 1** and **2** are called descriptive adjectives because they describe people.

DOMANDE CHIAVE

1. How do the adjectives change when they describe a male vs. a female?
2. When adjectives describing a male (as listed in the dictionary) end in the letter "*o*," in what letter does the adjective end when describing a female?
3. When adjectives describing a male (as listed in the dictionary) end in a vowel other than "*o*" or in a consonant, does the adjective change form when describing a female?

PRATICA DI CONVERSAZIONE 1

1. Partners take turns asking each other *Come sei?* while pointing to each picture of the appropriate gender. Each partner must answer as if he or she were the person in the picture.

A   B   C   D   E   F

G   H   I   J   K   L

M　　N　　O　　P　　Q　　R

2. Ask two classmates near you *Come sei?* and listen to each response. Describe yourself using three or four adjectives.

PRATICA SCRITTA 1

1. Write the question you would ask of a peer to find out what s/he is like. Then write how you would respond.

2. Write the antonym of the words in bold type to complete each sentence. Column **A** for the boys and column **B** for the girls.

A

1. Non sono **alto**, sono _____.
2. Non sono **grasso**, sono _____.
3. Non sono **vecchio**, sono _____.
4. Non sono **povero**, sono _____.
5. Non sono **debole**, sono _____.
6. Non sono **brutto**, sono _____.

B

1. Non sono **alta**, sono _____
2. Non sono **grassa**, sono _____.
3. Non sono **vecchia**, sono _____.
4. Non sono **povera**, sono _____.
5. Non sono **debole**, sono _____.
6. Non sono **brutta**, sono _____.

DOMANDA CHIAVE

To make a sentence negative, what word do we place before the verb *sono?*

▰▰▰▰ PRATICA DI COMPRENSIONE ▰▰▰▰

You will hear several statements describing the people in the **Pratica di conversazione 1**. After the second repetition, choose the letter that represents the characteristic you hear.

▰▰▰▰ PRATICA ORALE 3 ▰▰▰▰

In **Pratica orale 1** we learned some physical characteristics. Now we are going to learn some psychological characteristics (adjectives that describe character and personality). Can you guess some of them because of their similarity to English?

1. **Rina:** Come sei?
   Filippo: Sono simpatico, intelligente, sincero, generoso, atletico e buono.

2. **Paolo:** Come sei?
   Elena: Sono simpatica, intelligente, sincera, generosa, atletica e buona.

▰▰▰▰ PRATICA DI CONVERSAZIONE 2 ▰▰▰▰

1. Ask two classmates near you *Come sei?* and listen carefully to each response. Include both physical and personality traits.
2. Chain drill by rows.

▰▰▰▰ PRATICA SCRITTA 2 ▰▰▰▰

Write the antonym of the descriptive adjectives to complete the sentence. Column **A** for boys and column **B** for girls.

A	B
1. Non sono **stupido**, sono _____.	1. Non sono **stupida**, sono _____.
2. Non sono **antipatico**, sono _____.	2. Non sono **antipatica**, sono _____.
3. Non sono **cattivo**, sono _____.	3. Non sono **cattiva**, sono _____.

▰▰▰▰ ATTIVITÀ ▰▰▰▰

Draw or bring four or five pictures from magazines of people who possess characteristics we have learned. Each member of a group of three or four takes turns showing the others a picture, pretending that s/he is like the person represented by the picture, and states what s/he is like. Add the qualifier *molto* to each of your statements. ***Example:*** *Sono molto forte.*

═══ VOCABOLARIO ═══

alto(a)   *tall*
antipatico(a)   *unpleasant*
atletico(a)   *athletic*
basso(a)   *short*
buono(a)   *good*
debole   *weak*
magro(a)   *thin*
stupido(a)   *stupid*
brutto(a)   *ugly*
forte   *strong*
generoso(a)   *generous*

grasso(a)   *fat*
bello(a)   *handsome, beautiful*
intelligente   *intelligent*
giovane   *young*
cattivo(a)   *bad*
povero(a)   *poor*
ricco(a)   *rich*
sincero(a)   *sincere*
simpatico(a)   *pleasant, likeable*
vecchio(a)   *old*

Come sei?   *What are you like?*
    Sono _____.   *I'm _____.*
    Non sono _____.   *I'm not _____.*
    Sono molto _____.   *I'm very _____.*

Aim 5   *Each student will be able to ask a peer "What do you like to do?" and "What don't you like to do?" and be able to respond*

═══ PRATICA ORALE 1 ═══

Cosa ti piace fare?
    Mi piace ...

Cosa non ti piace fare?
    Non mi piace ...

ascoltare la radio

guardare la televisione

parlare al telefono

cantare

ballare

cucinare

camminare

lavorare

riposare

nuotare

viaggiare

suonare la chitarra

fare la spesa

giocare a baseball

giocare a calcio

PRATICA ORALE 2

1. **Anna:** Cosa ti piace fare?
   Gino: Mi piace ascoltare la radio, ballare, nuotare e giocare a baseball.

2. **Gianni:** Cosa ti piace fare?
   Sabrina: Mi piace viaggiare, suonare la chitarra, camminare e riposare.

3. **Michele:** Cosa non ti piace fare?
   Angela: Non mi piace né fare la spesa né lavorare.

4. **Marisa:** Cosa non ti piace fare?
   Andrea: Non mi piace né cantare né cucinare.

Mi piace giocare a calcio.

PRATICA DI CONVERSAZIONE

1. Ask two classmates near you *Cosa ti piace fare?* and *Cosa non ti piace fare?*

2. One partner asks the other *Cosa ti piace fare?* The partner whose turn it is to respond points to each action s/he likes to do and says *Mi piace* .... Then the second partner asks the question and the other responds.

3. One partner now asks *Cosa non ti piace fare?* and the second partner points to each action s/he doesn't like to do and says *Non mi piace* .... Then the second partner asks the question and the other responds.

4. Partners take turns (every other picture on the next page) asking each other *Ti piace ...?* followed by the activity represented in the picture. Partners respond *Mi piace* ... if they like or *Non mi piace* ... if they don't like to do the activity. After completing one round, the other partner begins the second round.

42

▮▮▮▮ PRATICA SCRITTA ▮▮▮▮▮▮▮▮▮▮▮▮▮▮▮

1. Write the questions you would ask of a peer to find out what s/he likes to do and doesn't like to do. Then respond to each question with 3 or 4 activities.

2. Write whether you like to do or don't like to do each activity in the **Pratica di conversazione,** number 4. ***Example, (Picture A):*** *Mi piace cantare.* or *Non mi piace cantare.*

▮▮▮▮ PRATICA DI COMPRENSIONE ▮▮▮▮▮▮▮▮▮▮▮

You will hear a few statements indicating whether the people in the **Pratica di conversazione,** number 4, like to do or don't like to do a certain activity. After the second repetition, choose the picture that represents the activity you hear in each statement.

▮▮▮▮ RIASSUNTO ▮▮▮▮▮▮▮▮▮▮▮▮▮▮▮▮▮▮▮

Pairs of students can play the roles for the entire class followed by peer practice.

1. **Giovanni:** Ciao! Come va?
2. **Sabrina:** _____. E tu?
3. **Giovanni:** _____. Quando è il tuo compleanno?
4. **Sabrina:** _____.
5. **Giovanni:** In quale/che anno sei nata?
6. **Sabrina:** _____.
7. **Giovanni:** Come sei?
8. **Sabrina:** _____.
9. **Giovanni:** Cosa ti piace fare?
10. **Sabrina:** _____.
11. **Giovanni:** Qual'è il tuo numero telefonico?
12. **Sabrina:** _____.
13. **Giovanni:** Arrivederci, Sabrina.
14. **Sabrina:** _____, Giovanni.

1. **Marisa:** Ciao! _____?
2. **Carlo:** Mi chiamo Carlo. E tu?
3. **Marisa:** _____. _____?
4. **Carlo:** Sono della Toscana.
5. **Marisa:** _____?
6. **Carlo:** Abito a San Antonio, nello stato del Texas.
7. **Marisa:** _____?
8. **Carlo:** Ho sedici anni.
9. **Marisa:** _____?
10. **Carlo:** Il mio compleanno è il 15 dicembre.
11. **Marisa:** _____?
12. **Carlo:** Mi piace giocare a baseball, suonare la chitarra e nuotare.
13. **Marisa:** _____, Carlo.
14. **Carlo:** Arrivederci, Marisa.

VOCABOLARIO

ballare   *to dance*
cantare   *to sing*
fare la spesa   *to shop for groceries*
camminare   *to walk*
cucinare   *to cook*
riposare   *to rest*
ascoltare   *to listen to*
  la radio   *the radio*
parlare   *to speak, to talk*
  al telefono   *on the telephone*

giocare   *to play*
a baseball   *baseball*
a pallavolo   *volleyball*
guardare   *to watch*
  la televisione   *television*
nuotare   *to swim*
suonare   *to play*
  la chitarra   *the guitar*
lavorare   *to work*
viaggiare   *to travel*

Cosa ti piace fare?   *What do you like to do?*
  Mi piace ...   *I like ...*

Cosa non ti piace fare?   *What don't you like to do?*
  Non mi piace ...   *I don't like ...*
  Non mi piace né ... né ...   *I don't like ... or ...*

Ti piace ...?   *Do you like ...?*

Mi piace riposare.

SITUAZIONE

1. At the end of the school day you see an Italian-speaking student whom you recognize from one of your classes. You decide to introduce yourself and get to know him (or her). Do the following:

   a. greet the person
   b. introduce yourself
   c. ask the person his name
   d. ask the person where he is from
   e. ask the person his age
   f. ask the person his telephone number
   g. ask the person where he lives
   h. ask the person when is his birthday
   i. ask the person in what year he was born
   j. ask the person what he is like
   k. ask the person what he likes to do
   l. take leave of the person

This role play can be done two or three different times with different partners. Partners can change roles each time.

2. *Una nota a un amico (un'amica) di classe* (A note to a classmate)

Write a note to an Italian-speaking peer or to an internet contact whom you would like to get to know. Tell your classmate about yourself and then ask him/her some questions. Include in your note all the information you have learned to communicate.

Sono simpatico, intelligente, sincero, generoso,
atletico e bello.

IL CLIMA ED IL TEMPO

CHI È LEI?
COSÌ SONO IO.

□ **Topic**

Climate and weather • Personal identification

□ **Situation**

Interaction with teachers and other adults

□ **Function**

Introducing oneself, greeting, leave-taking
Exchanging basic information of personal identification

□ **Proficiency**

Can comprehend simple questions and respond appropriately
  with possible need for repetition
Can ask questions appropriate to the communicative situation

☐ **Aim 1a**

Each student will be able to ask "What's the temperature?" and be able to respond

☐ **Aim 1b**

Each student will be able to ask "What's the weather like?" and be able to respond

☐ **Aim 2**

Each student will be able to ask "What is your favorite season?" and "Why?" and be able to respond

☐ **Aim 3**

Each student will be able to identify and locate other regions and countries where Italian is spoken

☐ **Aim 4**

Each student will be able to greet the teacher or other adult at different times of the day, ask "How are you?" and be able to respond

☐ **Aim 5**

Each student will be able to ask an adult or stranger "What do you like to do?" and "Do you like to ...?" and be able to respond

☐ **Aim 6**

Each student will be able to ask an adult or stranger the basic questions of personal identification and be able to respond

 **Aim 1a** *Each student will be able to ask "What's the temperature?" and be able to respond*

PRATICA ORALE

1. **Carlo:** Qual è la temperatura?
   Maria: 39 gradi.

2. **Anna:** Qual è la temperatura?
   Paolo: 68 gradi.

PRATICA DI CONVERSAZIONE

1. Ask two classmates near you *Qual'è la temperatura?* and listen carefully to each response.

2. Peer partners take turns asking *Qual'è la temperatura?* and respond accordingly.

Partner A	Partner B		Partner A	Partner B
1. 45 gradi	1. 73 gradi		6. 94 gradi	6. 64 gradi
2. 19	2. 26		7. 78	7. 89
3. 82	3. 91		8. 53	8. 30
4. 37	4. 58		9. 26	9. 17
5. 61	5. 15		10. 14	10. 42

PRATICA SCRITTA

Write in Italian words the temperature stated by Partner B in the **Pratica di conversazione**, number 2, 1–10.

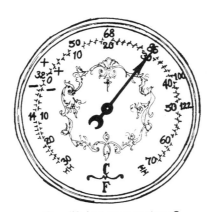

Qual'è la temperatura?

NOTA CULTURALE

In Italy, Centigrade, not Fahrenheit, is used to state the temperature. Centigrade is part of the metric system. Examine the following table of equivalents of Fahrenheit (F°) and Centigrade (C°).

F°	C°	F°	C°
212	100	68	20
(boiling point)		59	15
100	38	50	10
98.6	36.9	41	5
(body temp.)		32	0
86	30	(freezing point)	

The following are average afternoon temperatures in Centigrade of Rome, Italy and their equivalents in Fahrenheit. When it is 11 degrees in February, what is the equivalent temperature in Fahrenheit? When it is 28 degrees in July, what is the equivalent temperature in Fahrenheit?

	Jan.	Feb.	Mar.	Apr.	May	June	July	Aug.	Sept.	Oct.	Nov.	Dec.
C°	9	11	14	17	21	25	28	26	23	18	13	8
F°	49	52	57	62	70	77	82	78	73	65	56	47

VOCABOLARIO

Qual'è la temperatura?   *What is the temperature?*
gradi   *degrees*

Le temperature in Italia
Bolzano 1/7, Verona 6/8, Trieste 10\12, Venezia 6/10, Milano 3/6, Torino 1/2, Cuneo 3/5, Genova 8/11, Bologna 3/7, Firenze 3/9, Pisa 5/11. Falconara 8/10, Perugia 6/9 , L'Aquila 1/7, Roma 6/13, Campobasso 5/9, Bari 6/16, Napoli 6/16, Potenza 2/9, Reggio Calabria 13\20, Messina 13/20, Palermo 15/20, Catania 17\19, Cagliari 11/18.

Nel mese di novembre

Aim 1b — *Each student will be able to ask "What's the weather like?" and be able to respond*

═══ **PRATICA ORALE** ═══

Che tempo fa?

Fa freddo.

Fa caldo.

Non fa né freddo né caldo. Fa fresco.

C'è (il) sole.

Tira vento.
C'è vento.

È nuvoloso.

Piove.

Nevica.

Fa brutto tempo.
Fa cattivo tempo.

═══ **PRATICA DI CONVERSAZIONE** ═══

1. Ask two classmates near you *Che tempo fa?* and listen to each response.

2.   Peer partners take turns asking each other *Che tempo fa?* while pointing to each picture. Both partners have an opportunity to state all the weather conditions.

3.   Peer partners take turns asking each other the following questions about today's weather — *Che tempo fa oggi?*

Examples:

1. **Giuseppe:** Fa caldo?
   Maria: Sì, fa caldo.

2. **Marisa:** Fa freddo?
   Antonio: No, non fa freddo.

3. **Sabrina:** Piove?
   Paolo: Sì, piove.

4. **Tommaso:** Nevica?
   Anna: No, non nevica.

1. Tira vento?	6. Fa bel tempo?
2. C'è (il) sole?	7. Fa cattivo tempo?
3. Fa freddo?	8. È nuvoloso?
4. Fa caldo?	9. Piove?
5. Fa fresco?	10. Nevica?

PRATICA SCRITTA

1. Write how you would ask another person "What's the weather like?" and respond to the question.

2. Write the questions and answers of the **Pratica di conversazione**, 3, numbers 1–10.

PRATICA DI COMPRENSIONE

You will hear a few statements indicating a weather condition. After the second repetition, choose the picture that corresponds to what you hear. Refer to the **Pratica di conversazione**, number 2, for the pictures.

Note: To state "It's snowing," we say *nevica*.
To state "It's raining," we say *piove*.
To state "very ..." before the nouns in the **Pratica di conversazione**, number 3, 1–5, we say *molto: fa molto freddo, c'è molto sole, fa molto caldo, tira molto vento, fa molto fresco.*

RIASSUNTO

A	B
1. **Pietro:** _____?	1. **Anna:** Che tempo fa?
2. **Elena:** Fa molto caldo.	2. **Giuseppe:** _____.
3. **Pietro:** Qual è la temperatura?	3. **Anna:** _____?
4. **Elena:** _____.	4. **Giuseppe:** 15 gradi.

C

1. **Gianni:** _____?

2. **Rosa:** Fa fresco.

3. **Gianni:** _____?

4. **Rosa:** 45 gradi.

D

1. **Sabrina:** Che tempo fa?

2. **Tommaso:** _____.

3. **Sabrina:** _____?

4. **Tommaso:** 70 gradi.

Che tempo fa?

VOCABOLARIO

One group of weather expressions uses both _fa_ and _tempo:_

Fa bel tempo.   *The weather is good.*
Fa cattivo tempo.   *The weather is bad.*
Fa brutto tempo.   *The weather is bad.*

Another group of weather expressions uses _fa:_

Fa freddo.   *It's cold.*
Fa caldo.   *It's warm (hot).*
Fa fresco.   *It's cool.*
Fa molto ...   *It's very ...*

To talk about the weather in general use these expressions:

Piove. *It's raining. / It rains.*   Nevica. *It's snowing. / It snows.*

Other weather expressions:

Tira vento. *It is windy.*
C'è (il) sole. *It is sunny.*
È nuvoloso. *It is cloudy.*

To indicate a certain condition is not present:

Non è nuvoloso. *It is not cloudy.*
Non tira vento. *It is not windy.*
Non fa né freddo né caldo. *It is neither cold nor hot.*

Questions referring to the weather:

Che tempo fa? *What's the weather like? / How's the weather?*
Fa ...? *Is it ...?*
Tira vento? *Is it windy?*
È ...? *Is it ...?*
C'è (il) sole? *Is it sunny?*
Piove? *Is it raining?*

sì *yes*
no *no*
non *not*
né ... né *neither ... nor*

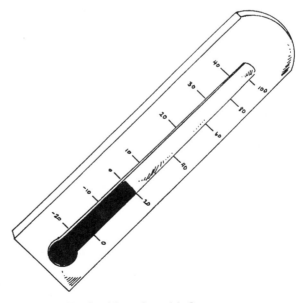

Fa freddo o fa caldo?

Each student will be able to ask "What is your favorite season?" and "Why?" and be able to respond

PRATICA ORALE 1

Quali sono le stagioni dell'anno?
Le stagioni dell'anno sono....

la primavera

l'estate

l'autunno

l'inverno

PRATICA DI CONVERSAZIONE 1

Partners take turns asking the questions.

A

Example: **Isabella:** In quale stagione fa brutto tempo?
Filippo: Fa brutto tempo d'inverno.

1. In quale stagione fa molto freddo?
2. In quale stagione fa molto caldo?
3. In quale stagione fa fresco?
4. In quale stagione piove molto?
5. In quale stagione nevica molto?

B

Example: **Michele:** Che tempo fa in autunno?
Lucia: Fa fresco in autunno.

6. Che tempo fa in primavera?
7. Che tempo fa d'inverno?
8. Che tempo fa d'estate?
9. Che tempo fa in autunno?

PRATICA SCRITTA 1

Write the questions and answers of **Pratica di conversazione 1**, numbers 1–9.

PRATICA ORALE 2

1. **Rosa:** Qual'è la tua stagione preferita? Perché?
   Tommaso: La mia stagione preferita è l'estate perché mi piace nuotare, prendere il sole, e giocare a baseball.

2. **Vincenzo:** Qual'è la tua stagione preferita? Perché?
   Milena: La mia stagione preferita è l'inverno perché mi piace sciare e pattinare su ghiaccio.

3. **Teresa:** Qual'è la Sua stagione preferita? Perché?
   Sig.ra Ferraro: La mia stagione preferita è la primavera perché non mi piace né il freddo né il caldo. Mi piace guardare i fiori.

4. **Sig. Ruggiero:** Qual'è la Sua stagione preferita?
   Sig.na DiAntonio: La mia stagione preferita è l'autunno perché fa fresco e mi piace guardare le foglie.

DOMANDE CHIAVE

1. How do we say "your ..." when talking to a peer?
2. How do we say "your ..." when talking to an adult?

PRATICA DI CONVERSAZIONE 2

Ask two classmates near you *Qual è la tua stagione preferita? Perché?*

PRATICA SCRITTA 2

1. Write the question you would ask of a peer to find out what his/her favorite season is. Then respond to the question.

2. Write the same question, but ask it of an adult. Then respond to the question.

Mi piace sciare.

VOCABOLARIO

Quali sono le stagioni dell'anno?
What are the seasons of the year?

Le stagioni dell'anno sono ...
The seasons of the year are ...

la primavera	*spring*	l'autunno	*fall, autumn*
l'estate	*summer*	l'inverno	*winter*

In quale stagione ...?   *In what season ...?*

in autunno	*in fall, autumn*	d'estate	*in summer*
in primavera	*in spring*	d'inverno	*in winter*

Qual'è la tua stagione preferita?   *What is your favorite season?*
Qual'è la Sua stagione preferita?   *What is your favorite season?*
  La mia stagione preferita è ...   *My favorite season is ...*

Perché?   *Why?*
... perché ...   *... because ...*
  ... mi piace pattinare su ghiaccio.   *... I like to ice skate.*
  ... mi piace prendere il sole sulla spiaggia.   *... I like to take a sunbath on the beach.*

... mi piace sciare.
    ... I like to ski.
... mi piace guardare i fiori.
    ... I like to look at the flowers.
... mi piace guardare le foglie.
    ... I like to look at the leaves.
... non mi piace né il freddo né il caldo.
    ... I don't like the cold or the heat.

La mia stagione preferita è la primavera.

60

 *Aim 3*

Each student will be able to identify and locate other regions and countries where Italian is spoken

======= PRATICA ORALE =======

Dove si parla italiano? Individual students come to the wall map to point out the location of the Italian-speaking regions as the entire class repeats each region's name. (See page 10.)

Italian is spoken not only in Italy. There are two small republics within Italy, San Marino and The Vatican, where Italian is used. It is also one of the languages spoken in the Ticino valley in southern Switzerland.

PRATICA DI CONVERSAZIONE

1.   Dove si parla italiano? Si parla italiano in _____.

One partner asks the question as the other answers, pointing to the map. Partners can take turns asking and answering the question until all the regions have been mentioned (page 10).

2.   Dov'è il Vaticano? Il Vaticano è al centro dell'Italia.

Partners take turns asking each other the location of the places where Italian is spoken and the countries that surround Italy.

PRATICA SCRITTA

1.   Write the **Pratica di conversazione**, number 2.

2.   Examine a map of Italy and the countries that border it. Write and complete the following statements with the appropriate word or expression.

A.   Italian is spoken in _____, _____, _____ and _____.

B.   The two republics within the country of Italy are _____ and _____.

C.   The countries that border Italy are _____, _____, _____ and _____.

D.   The mountain range that is found in northern Italy is called _____.

E.   The mountain range that runs from northern Italy to southern Italy is called _____.

F.   The two large islands that are a part of Italy are _____ and _____.

G.   The body of water between Sicily and mainland Italy is _____.

RIASSUNTO

On a blank map of Italy write the name of each of the regions and the bodies of water that surround them.

VOCABOLARIO

Dov'è _____?　*Where is _____?*
　_____ è nel nord dell'Italia.　_____ *is in northern Italy.*

il Piemonte	la Val d'Aosta
il Veneto	il Trentino-Alto Adige
la Lombardia	la Liguria
l'Emilia Romagna	il Friuli-Venezia Giulia

Dov'è si parla italiano?　*Where is Italian spoken?*
　Si parla italiano in _____.　*Italian is spoken in _____.*

Si parla italiano nel Vaticano.

Each student will be able to greet the teacher or other adult at different times of the day, ask "How are you?" and be able to respond

Aim 4

PRATICA ORALE

1. **8:00 A.M.**
   Giuseppe: Buon giorno, Signora Verdi. Come sta?
   Sig.ra Verdi: Sto molto bene, grazie. E tu?
   Giuseppe: Così, così.

2. **4:30 P.M.**
   Sabrina: Buona sera, Signor D'Amico. Come sta?
   Sig. D'Amico: Sono un po' stanco. E tu?
   Sabrina: Sto bene, grazie.

3. **7:30 P.M.**
   Sig. Petrucci: Buona sera, Signorina Montana. Come sta?
   Sig.na Montana: Sono un po' stanca. E Lei?
   Sig. Petrucci: Sto molto bene, grazie.

PRATICA DI CONVERSAZIONE

1. Ask two "adults" near you *Come sta (Lei)?* and listen carefully to each response.

2. Peer partners play the roles of student and teacher or adult. Partners take turns greeting each other properly according to the time of day indicated.

Note:
Use *Buon giorno* for times between 12:00 A.M. and 3:59 P.M.
Use *Buona sera* for times between 4:00 P.M. and 11:59 P.M.
Use *Buona notte* when you depart from people or go to bed.

Examples:
9:00 A.M. — *Buon giorno, Signor (Sig.ra) (Sig.na) .... Come sta Lei?*
8:30 P.M. — *Buona sera, Signor (Sig.ra) (Sig.na) .... Come sta Lei?*

1.	4:25 P.M.	5.	2:30 P.M.	9.	11:15 A.M.
2.	7:15 A.M.	6.	10:00 P.M.	10.	9:45 P.M.
3.	9:30 P.M.	7.	6:15 A.M.	11.	12:30 P.M.
4.	8:45 A.M.	8.	3:20 AP.M.	12.	7:00 P.M.

3. **Situazioni:**
Take turns playing the following roles with your partners.

a. You meet your teacher in the morning. Greet him/her. The teacher responds that s/he is so-so.
b. At an evening performance of the theater you see your friend's father. Greet him. He responds that he is fine.
c. You see your teacher in the afternoon. Greet him/her. The teacher responds that s/he is a little tired.

PRATICA SCRITTA

1. Write the question you would ask of a teacher or other adult to find out how s/he is. Then write how you would respond.

2. Write **Pratica di conversazione**, number 3, Situazioni (both roles).

RIASSUNTO

1. **9:00 A.M.**
Giovanni: _____, Signorina Giannetti. _____?

Sig.na Giannetti: Sto molto bene. E tu?

Giovanni: _____. Arrivederci, Signorina Giannetti.

Sig.na. Giannetti: _____, Giovanni.

2. **5:30 P.M.**
Sig. Festa: _____, Signora Petrucci. _____?

Sig.ra Petrucci: Sono un po' _____. E lei?

Sig. Festa: Sto _____ oggi. ArrivederLa.

Sig.ra Petrucci: _____.

VOCABOLARIO

Buon giorno.   *Good morning.*
Buona sera.   *Good evening.*
Buona notte.   *Good night.*

Lei   *you*
E Lei?   *And you?*
Come sta?   *How are you?*
    Sono un po'...   *I'm a little...*

Signor   *Mr. (often abbreviated as* Sig.)
Signorina   *Miss (often abbreviated as* Sig.na)
Signora   *Mrs. (often abbreviated as* Sig.ra)

Arrivederci.   *Goodbye. (to a friend)*
ArrivederLa.   *Goodbye. (to an adult or stranger)*

 **Aim 5**

Each student will be able to ask an adult or stranger "What do you like to do?" and "Do you like to ...?" and be able to respond

PRATICA ORALE 1

Cosa Le piace fare?   Le piace ...?
Mi piace ...   Sì, mi piace ... / No, non mi piace ...

leggere il giornale

correre

mangiare

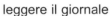

fare esercizi

andare alle feste

dormire

pulire la cucina

andare al cinema

uscire con un amico (un'amica)

scrivere lettere

Note: The form of a verb as it is listed in the dictionary is called the "infinitive." Most infinitives in Italian end in "*–are,*" "*–ere,*" or "*–ire.*" The expressions *Mi piace* and *Non mi piace ...* are followed by the infinitive when you wish to indicate an action you like or don't like to do. In English the infinitive begins with "to": to sing, to eat.

PRATICA ORALE 2

1. **Giovanni:** Cosa Le piace fare?
   Sig.na Andreucci: Mi piace leggere il giornale, suonare la chitarra, andare alle feste, uscire con il mio amico e fare esercizi.

2. **Anna:** Le piace lavorare?
   Sig. Ricci: Sì, mi piace lavorare.

   Anna: Le piace dormire?
   Sig. Ricci: No, non mi piace dormire.

DOMANDE CHIAVE

1. How do you ask an adult "What do you like to do?"
2. How does this differ from the way you ask a peer the same question?

PRATICA DI CONVERSAZIONE

1. Ask two "adults" near you *Cosa Le piace fare?* and listen to each response.
2. One partner asks the other *Cosa Le piace fare?* The partner

whose turn it is to respond points to each action s/he likes to do and says
Mi piace ... Then the second partner asks the question and the other responds.

    3.   Partners take turns (every other picture) asking each other
Le piace ...? followed by the activity represented in the picture. Partners
respond *Sì, mi piace ...* or *No, non mi piace ...* stating the activity they like or
don't like to do. After one round the second partner begins the next one.

PRATICA SCRITTA

1. Write the question you would ask of an adult to find out what s/he likes to do. Then respond with three or four activities.

2. Write whether you like to do or don't like to do each activity in the **Pratica di conversazione**, number 3, A–J.

PRATICA DI COMPRENSIONE

You will hear a few statements indicating whether the people in the **Pratica di conversazione**, number 3, A–J like to do or don't like to do a certain activity. After the second repetition, choose the picture by the letter that represents the activity you hear.

VOCABOLARIO

mangiare   *to eat*
correre   *to run*
dormire   *to sleep*
scrivere   *to write*
    lettere   *letters*
fare   *to do*
    esercizi   *exercises*
andare   *to go*
    al cinema   *to the movies*
    alle feste   *to parties*
pulire   *to clean*
    la cucina   *the kitchen*
    la casa   *the house*
leggere   *to read*
    il giornale   *the newspaper*
uscire   *to go out*
    con un amico   *with a friend*
    con un'amica   *with a friend*

Mi piace uscire con un'amica.

Cosa Le piace fare?
    What do you like to do?
Le piace ...?
    Do you like to ...?

Gioco delle scoperte (Discovery Game)

1. Each partner will write five activities s/he likes to do chosen from the Discovery Game sheet given to you.

2. Partners will take turns asking each other *Le piace ...?*

3. Partners will answer according to what they have written on their papers: *Sì, mi piace* or *No, non mi piace ...*

4. The partner who asks the question will write his/her partner's *Sì* or *No* in the space on the sheet next to the appropriate activity.

5. When one partner has guessed all five of the other's preferred activities, that partner wins the game.

Do not write on this sample activity sheet. Use the copy given to you.

Choose five activities you like to do from the list below.

1. _____   4. _____
2. _____   5. _____
3. _____

Sì or *No* is to be recorded before each activity according to your partner's answers.

_____ andare alla spiaggia	_____ guardare la televisione
_____ viaggiare	_____ mangiare
_____ leggere il giornale	_____ lavorare
_____ ascoltare la radio	_____ scrivere lettere
_____ nuotare	_____ giocare a calcio
_____ fare esercizi	_____ cantare
_____ camminare	_____ andare alle feste
_____ dormire	_____ parlare al telefono
_____ pulire la casa	_____ fare la spesa
_____ andare al cinema	_____ ballare
_____ suonare la chitarra	_____ riposare
_____ uscire con un amico	_____ correre
(o un'amica)	_____ cucinare

Aim 6 *Each student will be able to ask an adult or stranger the basic questions of personal identification and be able to respond*

═══════ **PRATICA DI CONVERSAZIONE** ═══════

Mr. Bertini, Vice President of the Banco di Napoli in New York, grants an interview to John, a student studying Italian. John decides to take advantage of this opportunity to practice the questions of personal identification.

1. **Gianni:** Come sta Lei?

2. **Sig. Bertini:** Sto molto bene, grazie. E tu?

3. **Gianni:** Non c'è male, grazie. Come si chiama Lei?

4. **Sig. Bertini:** Mi chiamo Domenico Bertini.

5. **Gianni:** Di dov'è Lei?

6. **Sig. Bertini:** Sono di Bari.

7. **Gianni:** Da quanto tempo lavora qui?

8. **Sig. Bertini:** Da venti anni.

9. **Gianni:** Quando è il Suo compleanno?

10. **Sig. Bertini:** Il mio compleanno è il 31 gennaio.

11. **Gianni:** Dov'è nato?

12. **Sig. Bertini:** Sono nato a Perugia.

13. **Gianni:** Dove abita Lei?

14. **Sig. Bertini:** Abito vicino a Bari, a Barletta. Quando sono a New York, abito a Manhattan.

15. **Gianni:** Qual'è il Suo numero telefonico?

16. **Sig. Bertini:** Il mio numero telefonico è 962-3807 a Manhattan e 80-23-04 a Barletta.

17. **Gianni:** Cosa Le piace fare nel Suo tempo libero?

18. **Sig. Bertini:** Nel mio tempo libero mi piace giocare a tennis, andare al cinema e correre.

19. **Gianni:** Molte grazie, signor Bertini. Mi piace parlare italiano con Lei.

20. **Sig. Bertini:** Prego, Gianni.

❑ **Vero o Falso** *(True or false):*

If the statement is true, write *Vero* and copy the statement. If the statement is false, write *Falso* and rewrite the entire statement, correcting **the bold portion.**

1. Il Sig. Bertini sta **male.**

2. Il Sig. Bertini abita a **Bari.**

3. Il Sig. Bertini è nato **a Bari.**

4. Il compleanno del Sig. Bertini è **il 30 gennaio.**

5. Quando il Sig. Bertini è a New York, abita a **Manhattan.**

6. Al Sig. Bertini piace **giocare a calcio, andare alla spiaggia e camminare.**

PRATICA DI CONVERSAZIONE

One peer partner plays the role of the adult who is being interviewed by the young person and then partners change roles.

1. Come sta?

2. Come si chiama?

3. Di dov'è Lei?

4. In quale anno è nato(a)?

5. Quando è il Suo compleanno?

6. Da quanto tempo lavora al Banco di Napoli?

7. Dove abita Lei?

8. Qual'è il Suo numero telefonico?

9. Cosa Le piace fare nel Suo tempo libero?

PRATICA SCRITTA

Write and answer the questions of the **Pratica di conversazione**, numbers 1–9.

VOCABOLARIO

Lei *you*   Sto male. *I'm sick.*   Non c'è male. *Not too bad.*
Come sta? / Come sta Lei? *How are you?*
Come si chiama? *What's your name?*
Di dov'è Lei? *Where are you from?*
In quale anno è nato(a)? *In what year were you born?*
Quanti anni ha Lei? *How old are you?*
Quando è il Suo compleanno? *When is your birthday?*
Da quanto tempo lavora qui? *How long have you been working here?*
Dove abita Lei? *Where do you live?*
Qual è il Suo numero telefonico? *What is your telephone number?*
Cosa Le piace fare nel Suo tempo libero?
        What do you like to do in your free time?
Quando sono a ... *When I'm in ...*
Prego. *You're welcome.*   con Lei *with you*

▰▰▰ Vocabolario nuovo del Riassunto ▰▰▰

Studio l'italiano al liceo. (in una scuola media)
I study Italian in high school. (in junior high school)

Mi piacerebbe farLe delle domande personali.
I would like to ask you a few personal questions.

per piacere / per favore *please*   mille grazie *many thanks*
con piacere / volentieri *with pleasure / gladly*

Lavoro dalle sei di mattina.
I have been working since six o'clock in the morning.

▰▰▰ Riassunto ▰▰▰

One or two pairs of students can play the roles for the entire class followed by peer practice.

Your assignment is to interview an Italian-speaking person in your community. Your name is Philip. You decide to interview the owner of a grocery store in the neighborhood. It is 5:00 P.M.

1. **Filippo:** _____ Filippo Johnson.
   Studio l'italiano al (in una) _____.
   Mi piacerebbe farLe
   delle domande personali.

2. **Sig. Ricci:** Con molto piacere, Filippo.

3. **Filippo:** _____ ?

4. **Sig. Ricci:** Mi chiamo
   Riccardo Ricci.

5. **Filippo:** _____ ?

6. **Sig. Ricci:** Sono stanco perché
   lavoro dalle 6 di mattina.

7. **Filippo:** _____ ?

8. **Sig. Ricci:** Sono di Milano, la capitale della Lombardia.

9. **Filippo:** _____ ?

10. **Sig. Ricci:** Lavoro qui da quindici anni.

11. **Filippo:** _____ ?

12. **Sig. Ricci:** Il mio compleanno è il 9 luglio.

13. **Filippo:** _____ ?

14. **Sig. Ricci:** Sono nato nel 1951.

15. **Filippo:** _____ ?

16. **Sig. Ricci:** Abito a New York, nel Bronx.

17. **Filippo:** _____ ?

18. **Sig. Ricci:** Nel tempo libero mi piace guardare il baseball alla televisione, leggere il giornale e dormire.

19. **Filippo:** Mille grazie, Signor Ricci. Mi piace parlare italiano con Lei.

20. **Sig. Ricci:** Prego. Arrivederci, Filippo.

21. **Filippo:** _____, Signor Ricci. E mille grazie.

The climate and geography of Italy have created a society rich in cultural and regional diversity. Not only does human activity vary from north to south and coast to coast, but so do language and food. The mountains to the north provide a recreational resource (Italy has been host to the Winter Olympics), while the warmer Mediterranean south links tourism, fishing and agriculture to the Italian economy.

LA SCUOLA

☐ **Topic**
School

☐ **Situation**
Interaction with individual peers and adults

☐ **Function**
Providing and obtaining information about school
Expressing personal feelings about school

☐ **Proficiency**
Can comprehend simple statements and questions and can
  respond appropriately with possible need for repetition
Can ask questions appropriate to the communicative situation

☐ **AIM 1**

Each student will be able to identify objects and materials commonly found in the classroom and be able to ask "Do you have ...?" and "Will you lend me ...?" and be able to respond

☐ **AIM 2A**

Each student will be able to state a few activities each person usually does in the classroom

☐ **AIM 2B**

Each student will be able to ask a peer and an adult if s/he does certain activities in school and after work

☐ **AIM 2C**

Each student will be able to do a *"Riassunto grammaticale"* (a grammatical summary): the use of the singular subject pronouns with regular *–ARE* verbs in the present tense

☐ **AIM 3**

Each student will be able to ask "Are there classes ...?" on any particular day of the week and be able to respond

☐ **AIM 4**

Each student will be able to ask a peer questions about the subjects s/he studies in school and be able to respond

Aim 1

Each student will be able to identify objects and materials commonly found in the classroom, be able to ask "Do you have ...?" and "Will you lend me ...?" and be able to respond

■ **PRATICA ORALE** ■

Nell'aula

Il (La) professore(ssa): Cos'è questo?
L'alunno(a):

    È il ...   È lo ...
    È la ...   È l' ...

la gomma

il quaderno

la penna

la sedia

la matita

il libro

la finestra

l'orologio

il gesso

la lavagna

il cancellino

un foglio di carta

la porta

la cattedra

l'alunna

il cestino

lo zaino

lo studente

DOMANDE CHIAVE

Nouns have gender in Italian, that is, all nouns are either masculine or feminine. Generally, nouns ending in "*o*" are masculine nouns, and nouns ending in "*a*" are feminine nouns. You have to learn the gender of nouns ending in letters other than "*o*" or "*a*" as you encounter them.

1. How do we express "the" before a masculine singular noun?
2. How do we express "the" before a feminine singular noun?

PRATICA DI CONVERSAZIONE

1. Each partner asks the other if s/he has the following objects. Partners take turns asking the questions.

Example:

Giuseppe: Hai la matita?   **Sabrina:** Hai la penna?
Rosa: Sì, ho la matita.   **Michele:** No, non ho la penna.

1. il libro   4. il foglio di carta
2. la matita   5. il quaderno
3. la penna   6. la gomma

2. Each partner asks the other if s/he will lend him/her the following objects. Partners take turns asking the questions.

Example:

Lucia: Mi presti il cancellino?   **Raimondo:** Mi presti la gomma?
Isabella: Sì, con piacere.   **Chiara:** Mi dispiace ma
                                          mi serve la gomma.

1. la matita   4. lo zaino
2. il libro   5. la sedia
3. il quaderno   6. l'orologio

Note: There are seven ways to say "the" in Italian:

il before masculine singular nouns
l' before masculine/feminine singular nouns beginning with a vowel
lo before masculine singular nouns beginning with a "*z*" or "*s*" consonant

la   before feminine singular nouns

i   before masculine plural nouns

gli   before masculine plural nouns beginning with a vowel, *"z"* or *"s"* plus consonant

le   before all feminine plural nouns

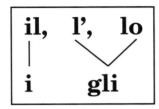   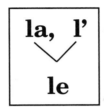

Examples:

singular	*plural*
la matita	le matite
l'alunna	le alunne
l'alunno	gli alunni
il cestino	i cestini
lo studente	gli studenti
lo zaino	gli zaini

DOMANDE CHIAVE

How does the ending of the noun or adjective change when forming the plural?

1. How does a singular noun ending with an *"a"* change in the plural? Give an example.

2. How does a singular noun ending with an *"o"* change in the plural? Give an example.

3. How does a singular noun ending with an *"e"* change in the plural? Give an example.

PRATICA SCRITTA

Write both the questions and answers of the **Pratica di conversazione**, number 1, 1–3, and the **Pratica di conversazione**, number 2, 4–6.

PRATICA DI COMPRENSIONE

You will hear a few statements, questions, or commands, each indicating the presence of an object or material found in the classroom; after the second repetition, identify each by number in the following picture.

VOCABOLARIO

nell'aula   *in the classroom*
Cos'è questo?   *What is this?*
È ...   *It is ...*

il cancellino   *a black-
        board eraser*
la cattedra   *the desk*
il cestino
        the wastepaper basket
la finestra   *the window*
il foglio di carta   *the paper*
il gesso   *the chalk*

la gomma   *the eraser*
la lavagna   *the blackboard*
il libro   *the book*
la matita   *the pencil*
la penna   *the pen*
la porta   *the door*
l'orologio   *the clock, the watch*
il quaderno   *the notebook*
la sedia   *the chair*

Hai ...?   *Do you have ...?*
Sì, ho ...   *Yes, I have the ...*
No, non ho ...   *No, I don't have ...*

Mi presti ...   *Will you lend me ...?*
Sì, con piacere.   *Yes, gladly (with pleasure).*
Mi dispiace ma mi serve ...   *I'm sorry, but I need ...*

Aim 2a   *Each student will be able to state a few activities each
person usually does in the classroom*

PRATICA ORALE

Cosa fa ... nell'aula?

1. Cosa fa il professore?

Il professore insegna la lezione.
Lui insegna la lezione.

2. Cosa fa la professoressa?

La professoressa insegna la lezione.
Lei insegna la lezione.

3. Cosa fa lo studente?

Lo studente parla italiano.
Lui parla italiano.

4. Cosa fa la studentessa?

La studentessa parla italiano.
Lei parla italiano.

5. Cosa fa il ragazzo?

Il ragazzo studia inglese.
Lui studia inglese.

6. Cosa fa la ragazza?

La ragazza studia molto.
Lei studia molto.

7. Cosa fa l'alunno?

L'alunno fa una domanda.
Lui fa una domanda.

L'alunno alza la mano.
Lui alza la mano.

8. Cosa fa l'alunna?

L'alunna fa una domanda.
Lei fa una domanda.

L'alunna alza la mano.
Lei alza la mano.

9. Cosa fa Giovanni?

Giovanni fa un esame.
Lui fa un esame.

10. Cosa fa Maria?

Maria fa un esame d'italiano.
Lei fa un esame.

11. Cosa fa Giovanni?

Giovanni ascolta la lezione.
Lui ascolta la lezione.

12. Cosa fa Maria?

Maria ascolta la lezione.
Lei ascolta la lezione.

DOMANDA CHIAVE

When the subject of an *-ARE* verb is *"lui"* or *"lei"* or an equivalent, in what letter does the verb end?

PRATICA DI CONVERSAZIONE

Peer partners take turns asking one another *Cosa fa ... nell'aula?* while pointing to each picture. The partner whose turn it is to respond begins each answer with the appropriate subject pronoun (*"Lui"* or *"Lei"*).

Example:

> **Partner 1:** Cosa fa Roberto nell'aula?
> **Partner 2:** Lui parla italiano nell'aula.

A. ... Roberto ...

B. ... l'alunna ...

C. ... lo studente ...

D. ... la professoressa ....

E. ... Pietro ...

F. ... la ragazza ...

G. ... Giovanni ...

H. ... l'alunno ...

I. ... la studentessa ...

J. ... il professore ...

K. ... Maria ...

L. ... la ragazza ...

A

B

C

D

E

F

G

H

I

J

K

L

PRATICA SCRITTA

Write the questions and the answers of the **Pratica di conversazione**.

PRATICA DI COMPRENSIONE

You will hear a few statements indicating what each person does in the classroom; after the second repetition, choose the picture that corresponds to what you hear. Refer to the **Pratica di conversazione**. Write only the letter.

VOCABOLARIO

Cosa fa ... in classe?
> *What does ... do in the classroom?*

Il professore (la professoressa) insegna la lezione.
> *The teacher teaches the lesson.*

Lo studente (la studentessa) parla italiano.
> *The student speaks Italian.*

Il ragazzo studia l'inglese.
> *The boy studies English.*

La ragazza alza la mano.
> *The girl raises her hand.*

L'alunno (l'alunna) fa una domanda.
> *The student asks a question.*

Giovanni (Maria) fa un esame d'italiano.
> *John (Mary) takes an Italian test.*

Giovanni/Maria ascolta la lezione (il professore).
> *John (Mary) listens to the lesson (the teacher).*

lui   *he*   lei   *she*

 **Aim 2b** *Each student will be able to ask a peer and an adult if s/he does certain activities in school and after work*

PRATICA ORALE

A. A scuola

1. **Sabrina:** Parli italiano?
2. **Pietro:** Sì, io parlo italiano.

3. **Sabrina:** Dove studi?
4. **Pietro:** Io studio nella biblioteca della scuola. E tu?

5. **Sabrina:** Io studio in casa. Impari molto nella lezione di matematica?
6. **Pietro:** No, io non imparo molto nella lezione di matematica. Imparo molto nelle lezioni di storia e di scienze.

B. Dopo il lavoro

1. **Anna:** Parla (Lei) molto al telefono?
2. **Sig.na Ruggiero:** Sì, io parlo molto al telefono.

3. **Anna:** Dove compra (Lei) il cibo?
4. **Sig.na Ruggiero:** Io compro il cibo in un supermercato.

5. **Anna:** Guarda (Lei) la televisione dopo il lavoro?
6. **Sig.na Ruggiero:** No, io non guardo la televisione. In casa io cucino, ascolto la radio e riposo.

▮▮▮▮ DOMANDE CHIAVE ▮▮▮▮▮▮▮▮

1. Is the individual who asks the question in **Pratica orale**, letter **A** a peer (or friend) or stranger (or adult) to the person who answers the question? What part of the verb in each question of **Pratica orale**, letter **A** tells us the relationship of the speaker to the person who is being addressed? When you talk to a peer, in what letter(s) does the –ARE verb end? What is the subject of the verb?

2. Is the individual who asks the question in **Pratica orale**, letter **B** a peer (or friend) or stranger (or adult) to the person who answers the question? Explain your answer. When you talk to an adult or stranger, in what letter does the –ARE verb end? What is the subject of the verb?

3. Can you state what the word "io" means?

4. When the subject "io" comes before the verb, in what letter must the verb end? Give examples from the **Pratica orale**.

5. How do we answer a question negatively ("no")? Explain.

6. Are you able to state what each question and answer of the **Pratica orale** means?

▮▮▮▮ PRATICA DI CONVERSAZIONE 1 ▮▮▮▮▮▮

A scuola

Peer partners take turns asking each other the following questions.

1. Parli inglese?

2. Studi francese?

3. Impari molto nella lezione d'italiano?

4. Insegni la lezione d'italiano?

5. Ascolti bene il professore (la professoressa)?

6. Alzi la mano spesso nella lezione d'italiano?

PRATICA DI CONVERSAZIONE 2

Alla scuola serale

One partner interviews an adult (the second partner) who attends an Italian class in the evening.

1. Parla (Lei) molto italiano durante la lezione?

2. Impara (Lei) molto nella lezione d'italiano?

3. Studia (Lei) molto?

4. Ascolta (Lei) bene il professore (la professoressa) durante la lezione?

5. Alza (Lei) la mano spesso nella lezione d'italiano?

6. Insegna (Lei) la lezione?

PRATICA DI CONVERSAZIONE 3

Dopo scuola

1. Lavori in un supermercato dopo scuola?
2. Guardi la televisione?
3. Ascolti la radio?
4. Suoni la chitarra?
5. Giochi a pallacanestro?

Dopo scuola il ragazzo studia molto.

PRATICA DI CONVERSAZIONE 4

Dopo il lavoro

1. Riposa (Lei) dopo il lavoro?

2. Cammina (Lei) molto?

3. Compra (Lei) il cibo?

4. Cucina (Lei) la cena?

5. Parla (Lei) al telefono?

PRATICA SCRITTA

1. Write both the questions and the answers of the **Pratica di conversazione 1**, numbers 1–3, and the **Pratica di conversazione 2**, numbers 4–6.

2. Write both the questions and the answers of the **Pratica di conversazione 3**, numbers 1–5, and **Pratica di conversazione 4**, numbers 1–5.

Ascolti bene il professore?

RIASSUNTO 1

1. **Elena:** Ciao! Come stai?
2. **Carlo:** _____. E tu?
3. **Elena:** _____. Cosa fai dopo scuola?
4. **Carlo:** Dopo scuola io _____ e _____. E tu?
5. **Elena:** Dopo scuola io _____ e _____. Lavori in un negozio?
6. **Carlo:** Si, io _____. Arrivederci, Elena.
7. **Elena:** _____, Carlo.

Cosa fai dopo scuola?

RIASSUNTO 2

1. **Giuseppe:** Buona sera, _____?
2. **Sig. Coletta:** Sono stanco. _____?
3. **Giuseppe:** Così così, grazie. Cosa fa Lei dopo il lavoro?
4. **Sig. Coletta:** Dopo il lavoro io _____ e _____.
5. **Giuseppe:** _____ al telefono Lei?
6. **Sig. Coletta:** No, io non _____ al telefono in casa perché parlo molto al telefono al lavoro.
7. **Giuseppe:** _____, Signor Coletta.
8. **Sig. Coletta:** Arrivederci, Giuseppe.

VOCABOLARIO

l'italiano *Italian:* la lezione d'italiano *the Italian lesson*
l'inglese *English*: la lezione d'inglese *the English lesson*
lo spagnolo *Spanish* l'esame di spagnolo *the Spanish test*
il francese *French*: il professore di francese *the French teacher*

a scuola *at school*: la scuola serale *night school*
nell'aula *in the classroom:* in classe / nella classe *in the classroom*
in biblioteca *in the library*
in discoteca *in the discotheque*
al lavoro *at work*
in un supermercato *in a supermarket*
in un negozio *in a store*
in casa *at home*
dopo scuola / dopo le lezioni *after school / after classes*
dopo il lavoro *after work*
spesso *often*
giocare *to play*

 Giochi a pallacanestro? *Do you play basketball?*
 Gioca a pallacanestro Lei? *Do you play basketball?*
 Sì, io gioco a pallacanestro. *Yes, I play basketball.*
 No, io non gioco a pallacanestro. *No, I don't play basketball.*

l'amico / l'amica *the friend*
comprare il cibo *to buy food*
imparare *to learn*

Each student will be able to do a "Riassunto grammaticale" (a grammatical summary): the use of the singular subject pronouns with regular –ARE verbs in the present tense

parlare l'italiano	**guardare** la televisione
io parl**o** ...	io guard**o** ...
tu parl**i** ...	tu guard**i** ...
Lei parl**a** ...	Lei guard**a** ...
lui parl**a** ...	lui guard**a** ...
lei parl**a** ...	lei guard**a** ...

PRATICA SCRITTA

A. Choose the correct form of the following -*ARE* verbs.

1. Il ragazzo _____ molto in classe.
   A. parli   B. parla   c. parlo

2. Lucia _____ molto.
   A. studio   B. studi   C. studia

3. Io _____ sempre la lezione.
   A. ascolto   B. ascolti   C. ascolta

4. Il Sig. Smith _____ in classe.
   A. lavoro   B. lavori   C. lavora

5. Teresa, _____ (tu) sempre la mano?
   A. alzo   B. alzi   C. alza

B. Write any appropriate subject pronoun.

6. _____ nuota d'estate.

7. _____ ballo in discoteca.

8. _____ cucini molto bene.

9. _____ compro i libri.

10. _____ ascolta la radio.

C. Write the correct form of the -*ARE* infinitive in parentheses.

11. (camminare) La mia amica _____ molto dopo scuola.

12. (cantare) Io non _____ bene.

13. (insegnare) Signorina Esposito, _____ alla scuola serale Lei?

14. (viaggiare) Il mio amico _____ d'estate.

15. (suonare) Antonio, _____ (tu) la chitarra?

16. (riposare) Io _____ dopo il lavoro.

17. (lavorare) Maria _____ in un supermercato.

■ VOCABOLARIO ■

Subject pronouns (singular)

io	*I*
tu	*you (peer or friend)*
Lei	*you (adult or stranger)*
lui	*he*
lei	*she*

Each student will be able to ask "Are there classes ...?" on any particular day of the week and be able to respond

■ PRATICA ORALE 1 ■

Il 5 gennaio è giovedì.
Il 6 gennaio è venerdì.
Il 7 gennaio è sabato.
L' 8 gennaio è domenica.
Il 9 gennaio è lunedì.
Il 10 gennaio è martedì.
L' 11 gennaio è mercoledì.

lunedì	martedì	mercoledì	giovedì	venerdì	sabato	domenica
						1
2	3	4	5	6	7	8
9	10	11	12	13	14	15
16	17	18	19	20	21	22
23	24	25	26	27	28	29
30	31			**gennaio**		

NOTA CULTURALE

What is the first day of the week on an Italian calendar?

■ PRATICA ORALE 2 ■

1. **Elena:** Che giorno della settimana è oggi?
   Sabrina: Oggi è venerdì.

2. **Anna:** Che giorno della settimana è oggi?
   Roberto: Oggi è mercoledì.

■ PRATICA DI CONVERSAZIONE 1 ■

1. Ask two classmates *Che giorno della settimana è oggi?*

2.   One peer partner asks the other *Che giorno della settimana è il primo gennaio?* The other partner responds according to the Italian calendar: *Il primo gennaio è domenica.* One partner asks the **A** column questions and the other partner asks the **B** column.

A	**B**
1. il 1° gennaio	8. il 3 gennaio
2. il 5 gennaio	9. l' 8 gennaio
3. l' 11 gennaio	10. il 12 gennaio
4. il 16 gennaio	11. il 15 gennaio
5. il 20 gennaio	12. il 21 gennaio
6. il 14 gennaio	13. il 28 gennaio
7. il 31 gennaio	14. il 30 gennaio

lunedì	martedì	mercoledì	giovedì	venerdì	sabato	domenica
						1
2	3	4	5	6	7	8
9	10	11	12	13	14	15
16	17	18	19	20	21	22
23	24	25	26	27	28	29
30	31			**gennaio**		

PRATICA SCRITTA 1

1.   Write the question you would ask of another person to find out what day of the week today is. Respond to the question.

2.   Write the Column A answers of the **Pratica di conversazione 1**, number 2.

PRATICA DI CONVERSAZIONE 2

Each partner asks the other if there are classes tomorrow or any particular day of this week or next week. ***Example:***

1. **Gianni:** Ci sono lezioni domani?
   Anna: Sì, ci sono lezioni domani.

2. **Luisa:** Ci sono lezioni la domenica?
   Giulio: No, non ci sono lezioni la domenica.

3. **Antonio:** Ci sono lezioni lunedì prossimo?
   Marisa: Sì, ci sono lezioni lunedì prossimo.

1. Ci sono lezioni domani?
2. Ci sono lezioni lunedì?
3. Ci sono lezioni mercoledì?
4. Ci sono lezioni venerdì?
5. Ci sono lezioni domenica?
6. Ci sono lezioni martedì prossimo?
7. Ci sono lezioni giovedì prossimo?
8. Ci sono lezioni sabato prossimo?

DOMANDE CHIAVE

1. What does *"Ci sono"* mean in a question?

2. What does *"Ci sono"* mean in a statement?

3. Where is the negative *"non"* placed when used with *"Ci sono"* in a statement?

Note: When talking about **one** subject, *"c'è"* is used.
   C'è *una lezione d'inglese adesso?*
      Is there an English class now?
   Sì, ***c'è*** *una lezione d'inglese adesso.*
      Yes, **there is** an English class now.

PRATICA SCRITTA

Write the questions and answers of the **Pratica di conversazione 2**, numbers 1–8.

▬▬ VOCABOLARIO ▬▬

i giorni della settimana   *the days of the week*

lunedì   *Monday*

martedì   *Tuesday*   prossimo / che viene   *next ...*

mercoledì   *Wednesday*   giovedì prossimo   *next Thursday*

giovedì   *Thursday*   sabato che viene   *next Saturday*

venerdì   *Friday*

sabato   *Saturday*   **il** martedì   **on** Tuesday**s**

domenica   *Sunday*   **la** domenica   **on** Sunday**s**

Che giorno della settimana è oggi?   *What day of the week is today?*

Oggi è   *Today is ...*   adesso   *now*

Ci sono lezioni domani?

   Are there classes tomorrow?

Sì, ci sono lezioni domani.

   Yes, there are classes tomorrow.

No, non ci sono lezioni domani.

   No, there are no classes tomorrow.

No, non ci sono lezioni domani.

 **Aim 4**   *Each student will be able to ask a peer questions about the subjects s/he studies in school and be able to respond*

▬▬ PRATICA ORALE 1 ▬▬

1. **Roberto:** Cosa studi a scuola?

   Anna: Io studio l'inglese, l'italiano, la storia, le scienze la matematica, l'arte e l'educazione fisica.

2. **Maria:** Cosa studi a scuola?

   Gianni: Studio il latino, i computers (l'informatica), l'economia, la musica, la letteratura e l'educazione fisica.

PRATICA DI CONVERSAZIONE 1

Ask two classmates near you *Cosa studi a scuola?* and listen carefully to each response.

PRATICA SCRITTA 1

Write the question you would ask of a peer to find out what s/he studies in school. Then respond to the question.

PRATICA ORALE 2

A

1. **Roberto:** Qual'è la tua materia preferita?
   Anna: La mia materia preferita è la matematica.

2. **Roberto:** Chi è il tuo professore di matematica?
   Anna: Il mio professore di matematica è il signor Ricci.

3. **Roberto:** Dov'è il signor Ricci?
   Anna: Il signor Ricci è nell'aula 147.

4. **Roberto:** Quanti ragazzi ci sono in classe?
   Anna: Ci sono trentaquattro ragazzi in classe.

5. **Roberto:** Com'è la tua lezione d'inglese?
   Anna: La mia lezione d'inglese è interessante e facile.

B

1. **Maria:** Qual è la tua lezione preferita?
   Gianni: La mia lezione preferita è la letteratura.

2. **Maria:** Chi è la tua professoressa di letteratura?
   Gianni: La mia professoressa di letteratura è la signora Verga.

3. **Maria:** Dov'è la signora Levi?
   Gianni? La signora Levi è assente.

4. **Maria**: Quanti alunni ci sono in classe?
   Gianni: Ci sono ventinove alunni in classe.

5. **Maria:** Com'è la tua lezione di economia?
   Gianni: La mia lezione di economia è noiosa e difficile.

6. **Roberto:** Quando è il tuo esame di scienze?
   Anna: Il mio esame di scienze è martedì prossimo.

7. **Roberto:** Ti piace la lezione di storia?
   Anna: No, non mi piace la lezione di storia.
   Roberto: Perché non ti piace?
   Anna: Non mi piace perché ci sono molti esami ed io prendo brutti voti.

8. **Roberto:** Hai molti compiti per questa lezione?
   Anna: No, non ho molti compiti per questa lezione.

6. **Maria:** Quando è il tuo esame di computers?
   Gianni: Il mio esame di computers è domani.

7. **Maria:** Ti piace la lezione di latino?
   Gianni: Sì, mi piace la lezione di latino.
   Maria: Perché ti piace?
   Gianni: Mi piace perché la professoressa insegna bene ed io prendo bei voti.

8. **Maria:** Hai molti compiti per questa lezione?
   Gianni: Sì, ho sempre molti compiti per questa lezione.

Mi piace la lezione d'inglese perché è interessante.

PRATICA DI CONVERSAZIONE 2

Peer partners take turns asking one another the following questions.

1. Cosa studi a scuola?

2. Qual'è la tua materia preferita?

3. Chi è il tuo professore di ...? (#2)

4. Dov'è il tuo professore di ...? (#2)

5. Hai molti compiti per la lezione di ...? (#2)

6. Com'è la tua lezione di ...?

7. Quando è il tuo esame di ...? (#6)

8. Quanti alunni ci sono nella classe di ...? (#6)

9. Ti piace la lezione di ...? (#6)

10. Perché ti piace o non ti piace?

PRATICA SCRITTA 2

Write both the questions and answers to the **Pratica di conversazione 2.**

PRATICA DI COMPRENSIONE

You will hear a few questions related to the subjects you study in school. After the second repetition, write the answer to each question with a complete sentence in Italian.

ATTIVITÀ

Il mio orario scolastico (My daily class schedule)

Write your program in Italian listing the days of the week and the periods you have each class. Include your lunch period *(il pranzo)*. Partners ask one another the following questions to find out each other's program. ***Example:***

Tommaso: Quali lezioni segui il lunedì?
Giulia: Il lunedì seguo la matematica, l'arte, l'educazione fisica, la storia, l'italiano, l'inglese e le scienze, più l'ora del pranzo.
Tommaso: Quali lezioni segui il martedì?
Giulia: Seguo lo stesso programma ogni giorno.

RIASSUNTO

1. **Filippo:** _____?
2. **Rina:** Studio l'inglese, la biologia, l'algebra, la storia, l'italiano, l'arte e l'educazione fisica.

3. **Filippo:** _____?
4. **Rina:** La mia materia preferita è la storia.

5. **Filippo:** _____?
6. **Rina:** La mia professoressa di storia è la signorina Murphy.

7. **Filippo:** _____?
8. **Rina:** La signorina Murphy è nell'aula 264.

9. **Filippo:** _____?
10. **Rina:** Ci sono trentun' alunni nella mia lezione di storia.

11. **Filippo:** _____?
12. **Rina:** La mia lezione di biologia è interessante ma difficile.

13. **Filippo:** _____?
14. **Rina:** Il mio esame di biologia è mercoledì prossimo.

15. **Filippo:** _____?
16. **Rina:** Mi piace la lezione d'italiano perché la professoressa insegna bene, io parlo molto italiano durante la lezione e prendo bei voti.

VOCABOLARIO

Cosa studi a scuola?   *What do you study in school?*

Io studio ...   *I study ....*

l'algebra   *algebra*

l'arte   *art*

la biologia   *biology*

le scienze   *science*

i computers (l'informatica)
   computers

l'economia   *economics*

l'educazione fisica
   physical education

il francese   *French*

lo spagnolo   *Spanish*

l'italiano   *Italian*

la fisica   *physics*

la geometria   *geometry*

la storia   *history*

l'inglese   *English*

la letteratura   *literature*

la matematica   *mathematics*

la dattilografia   *typewriting*

la musica   *music*

la chimica   *chemistry*

prendo   *I get*

i voti   *grades*

prendo bei voti   *I get good grades*

prendo brutti voti   *I get bad grades*

Qual'è la tua materia preferita?   *What is your favorite subject?*

Chi è il tuo professore (la tua professoressa)?   *Who is your teacher?*

Il mio professore è il sig...   La mia professoressa è la sig.ra (sig.na)...
   My teacher is Mr. .... / My teacher is Mrs. (Miss) ....

Dov'è il tuo professore di ....?
   Where is your....teacher?

... è in ...   *... is in ...*   ... è assente   *is absent*

è nell'aula ...   *in room ...*

Quanti alunni (studenti) ci sono in ....?   *How many students are there in ...?*

Quando è il tuo esame di ...?   *When is your.....test?*

oggi *today*   domani *tomorrow*   giovedì *on Thursday*

Com'è la tua lezione di ...?   *What is your ... class like?*

interessante *interesting*   difficile *difficult*

noiosa/seccante *boring*   facile *easy*

Perché ti piace o non ti piace?   *Why do you like or don't like it?*

Mi piace perché ... / Non mi piace perché ...   *... because ...*

Hai molti compiti in ...?   *Do you have a lot of homework in ...?*

Ho sempre molti compiti ...   *I always have a lot of homework ...*

lo stesso orario (programma) ogni giorno
   the same schedule every day

Quali classi segui ...?   *What classes do you have ...?*

The Italian school bears one striking resemblance to its American counterpart: dress is universally the same. But thereafter, the differences are striking. "Free time" is not encumbered by a hall pass; a student comes and goes as s/he pleases when not scheduled for the classroom. Cafeterias are rare, many schools instead providing a *caffè* where only snacks are found. Perhaps the most notable difference is the lack of extracurricular activities in the Italian school. Sports are popular, but most clubs or teams are sponsored by towns or regional federations.

LA FAMIGLIA

□ **Topic**
The family

□ **Situation**
Interaction with individual peers and adults

□ **Function**
Socializing, providing and exchanging information about
one's family

□ **Proficiency**
Can comprehend simple questions and respond appropriately
with possible need for repetition
Can ask questions appropriate to the communicative situation

☐ **A**IM **1**

Given an Italian family tree, each student will be able to state the relationship of one member of an Italian family to another

☐ **A**IM **2**

Each student will be able to ask a peer how many people there are in his/her family, who they are, and be able to respond

☐ **A**IM **3**

Each student will be able to ask a peer the names of the members of his/her family and be able to respond

☐ **A**IM **4**

Each student will be able to ask a peer the ages of the members of his/her family and be able to respond

☐ **A**IM **5**

Each student will be able to ask a peer what each member of his/her family is like and be able to respond

☐ **A**IM **6**

Each student will be able to ask a peer where each member of his/her family is from and be able to respond

☐ **A**IM **7**

Each student will be able to ask a peer what activities s/he does with each member of the family and be able to respond

☐ **A**IM **8**

Each student will be able to ask a peer what activities each member of the family does and what two or more family members do together and be able to respond

☐ **A**IM **9**

Each student will be able to do a *"Riassunto grammaticale:"* the use of singular and plural subject pronouns with regular *–ARE* verbs in the present tense

Aim 1

Given an Italian family tree, each student will be able to state the relationship of one member of an Italian family to another

PRATICA ORALE 1

Una famiglia italiana

Anna Verga (38 anni)

Giuseppe Verga (43 anni)

Stella Verga (11 anni)

Tommaso Verga (9 anni)

Teresa Verga (13 anni)

Can you figure out the relationship of one member of this Italian family to the other?

1. Anna Verga è **la moglie** di Giuseppe Verga.

2. Giuseppe Verga è **il marito** di Anna Verga.

3. Tommaso Verga è **il figlio** di Giuseppe ed Anna.

4. Stella Verga è **la figlia** di Giuseppe ed Anna.

5. Teresa Verga è **la figlia** di Giuseppe ed Anna.

6. Giuseppe Verga è **il padre** di Stella, Tommaso e Teresa.

7. Anna Verga è **la madre** di Stella, Tommaso e Teresa.

8. Tommaso è **il fratello** di Stella e Teresa.

9. Stella è **la sorella** di Tommaso e Teresa.

10. Teresa è **la sorella** di Stella e Tommaso.

═══════ PRATICA DI CONVERSAZIONE 1 ═══════

Peer partners take turns asking and answering the following questions about the relationships of the Italian family pictured on the preceding page.

Example: – Come si chiama il marito di Anna?
– Il marito di Anna si chiama Giuseppe.

1. Come si chiama il padre di Teresa, Stella e Tommaso?

2. Come si chiama la madre di Teresa, Stella e Tommaso?

3. Come si chiama il fratello di Stella e Teresa?

4. Come si chiama una sorella di Tommaso?

5. Come si chiama l'altra sorella di Tommaso?

6. Come si chiama il figlio di Anna?

7. Come si chiama una delle figlie di Giuseppe?

8. Come si chiama l'altra figlia di Giuseppe?

9. Come si chiama il marito di Anna?

10. Come si chiama la moglie di Giuseppe?

PRATICA SCRITTA

Write the questions and answers of the **Pratica di conversazione 1**.

PRATICA ORALE 2

Un'altra famiglia italiana

Carmela Bertini
(45 anni)

Giovanni Bertini
(51 anni)

Roberto Bertini
(21 anni)

Elena Bertini
(17 anni)

1. How do we say "the" before a noun that refers to a male?
2. How do we say "the" before a noun that refers to a female?

State the relationship of one member of this Italian family to another by completing the following statements correctly.

1. Carmela Bertini è _____ di Roberto ed Elena.

2. Giovanni Bertini è _____ di Roberto ed Elena.

3. Roberto è _____ di Elena.

4. Elena è _____ di Roberto.

5. Carmela Bertini è _____ di Giovanni Bertini.

6. Giovanni Bertini è _____ di Carmela Bertini.

7. Elena Bertini è _____ di Giovanni Bertini.

8. Roberto Bertini è _____ di Carmela Bertini.

Un'altra famiglia

PRATICA DI CONVERSAZIONE 2

Peer partners take turns asking and answering the following questions about the relationships of the Italian family in **Pratica orale 2.**

Example: Chi è la madre di Roberto?
La madre di Roberto è Carmela.

1. Chi è il figlio di Carmela?

2. Chi è la sorella di Roberto?

3. Chi è il marito di Carmela?

4. Chi è il padre di Elena?

5. Chi è la moglie di Giovanni?

6. Chi è il fratello di Elena?

7. Chi è la figlia di Giovanni?

8. Chi è la madre di Roberto?

PRATICA SCRITTA 2

Write the questions and answers of the **Pratica di conversazione 2.**

La madre di Elena è Carmela.

PRATICA ORALE 3

Maria Verga
(63 ANNI)

Carlo Verga
(72 ANNI)

ANNA VERGA
(38 ANNI)

GIUSEPPE VERGA
(43 ANNI)

CARMELA BERTINI
(45 ANNI)

GIOVANNI BERTINI
(51 ANNI)

STELLA VERGA
(11 ANNI)

TOMMASO VERGA
(9 ANNI)

TERESA VERGA
(13 ANNI)

ROBERTO BERTINI
(21 ANNI)

ELENA BERTINI
(17 ANNI)

Can you figure out the relationship of one member to the other in these two Italian families?

1. Carlo Verga è **il marito** di Maria Verga.

2. Giuseppe Verga è **il figlio** di Maria e di Carlo.

3. Maria Verga è **la madre** di Carmela Bertini.

4. Carmela Bertini è **la sorella** di Giuseppe Verga.

5. Carlo Verga è **il nonno** di Elena e di Roberto.

6. Maria Verga è **la nonna** di Tommaso e di Teresa.

7. Giovanni Bertini è **lo zio** di Tommaso e di Teresa.

8. Anna Verga è **la zia** di Roberto ed Elena.

9. Roberto è **il cugino** di Teresa e di Tommaso.

10. Stella è **la cugina** di Roberto e di Elena.

11. Roberto è **il nipote** di Giuseppe Verga.

12. Teresa è **la nipote** di Maria Verga.

PRATICA DI CONVERSAZIONE 3

Peer partners take turns asking and answering the following questions about the relationships of the Italian families pictured in the **Pratica orale 3**.

1. Come si chiama la moglie di Carlo?

2. Come si chiama la figlia di Carlo e di Maria?

3. Come si chiama il padre di Giuseppe?

4. Come si chiama il fratello di Carmela?

5. Come si chiama la nonna di Stella, di Tommaso e di Teresa?

6. Chi è lo zio di Roberto e di Elena?

7. Chi è la cugina di Stella, di Tommaso e di Teresa?

8. Chi è il nonno di Roberto e di Elena?

9. Chi è la zia di Stella, di Tommaso e di Teresa?

10. Chi è il cugino di Roberto e di Elena?

11. Chi è il nipote di Giuseppe Verga?

12. Chi sono i nipoti di Carlo Verga?

Maria è la nonna
di Roberto e di Elena.

▬▬▬ Pʀᴀᴛɪᴄᴀ ꜱᴄʀɪᴛᴛᴀ 3 ▬▬▬

Write the questions and answers of the **Pratica di conversazione 3**.

▬▬▬ Pʀᴀᴛɪᴄᴀ ᴅɪ ᴄᴏᴍᴘʀᴇɴꜱɪᴏɴᴇ 1 ▬▬▬

You will hear several family relationships. Write the name of the person who corresponds to the relationship you hear. Refer to the Italian family tree in the **Pratica orale 3**.

Example: Il marito di Anna Verga si chiama _____.

Sabrina e Anna sono le sorelle di Gianni.

PRATICA ORALE 4

Can you figure out the relationships of the two members of these Italian families to the others? Refer to the family tree in the **Pratica orale 3**.

1. Maria e Carlo sono **i genitori** di Giuseppe e di Carmela.

2. Giuseppe e Carmela sono **i figli** di Maria e di Carlo.

3. Maria e Carlo sono **i nonni** di Stella, di Tommaso, di Teresa, di Roberto e di Elena.

4. Stella, Tommaso, Teresa, Roberto ed Elena sono **i nipoti** di Maria e di Carlo.

5. Stella e Teresa sono **le sorelle** di Tommaso.

6. Stella e Tommaso sono **la sorella** ed **il fratello** di Teresa.

7. Carmela e Giovanni sono **gli zii** di Stella, di Tommaso e di Teresa.

8. Stella, Tommaso e Teresa sono **i nipoti** di Carmela e di Giovanni.

9. Stella e Teresa sono **le cugine** di Roberto e di Elena.

10. Roberto ed Elena sono **i cugini** di Stella, di Tommaso e di Teresa.

Come si chiama il figlio di Anna?

▮Pratica di conversazione 4▮

Example: Come si chiamano i genitori di Roberto e di Elena?
— I genitori di Roberto e di Elena si chiamano Giovanni e Carmela.

1. Come si chiamano i figli di Carmela e di Giovanni?

2. Come si chiamano i nonni di Stella, di Tommaso e di Teresa?

3. Come si chiamano le sorelle di Tommaso?

4. Come si chiamano gli zii di Roberto e di Elena?

5. Come si chiamano i cugini di Stella, di Tommaso e di Teresa?

6. Come si chiamano i nipoti di Maria e di Carlo?

7. Come si chiamano i nipoti di Carmela e di Giovanni?

8. Come si chiamano i genitori di Roberto e di Elena?

PRATICA SCRITTA 4

Write the **Pratica di conversazione 4**.

Mio nonno è creativo e divertente.

DOMANDE CHIAVE 2

How is possession expressed in Italian?

1. What does *il fratello di Carmela* mean?
    What does *la nonna di Antonio* mean?
2. What word is used to express possession in Italian?
3. How do we express possession in English?

Esercizio di pratica:
Say the following phrases in Italian indicating possession.
Example: Joseph's niece   *la nipote di Giuseppe*
Rosa's cousin   *il cugino di Rosa*

1. John's sister
2. Mary's son
3. Ann's husband
4. Michael's aunt
5. Ellen's grandfather

6. Peter's cousin (female)
7. Carmen's father
8. Robert's daughters
9. Teresa's brothers
10. Paul's aunt and uncle

VOCABOLARIO

la famiglia   *the family*

il padre   *the father*
la madre   *the mother*
i genitori   *the parents*

il marito   *the husband*
la moglie   *the wife*

il fratello   *the brother*
la sorella   *the sister*
le sorelle   *the sisters*
i fratelli   *brothers*
or brothers and sisters

il figlio   *the son*
la figlia   *the daughter*
i figli   *the sons or sons and*
daughters, or the children

il nonno   *the grandfather*
la nonna   *the grandmother*
i nonni   *the grandparents*

il nipote   *the grandson, nephew*
la nipote   *the granddaughter,*
the niece
i nipoti   *the grandsons or the*
grandchildren, the nephews
or the nieces and nephews

lo zio   *the uncle*
la zia   *the aunt*
gli zii   *the aunt and uncle*
or the uncles

il cugino   *the cousin (male)*
i cugini   *the cousins (male or*
male and female)

la cugina   *the cousin (female)*
le cugine   *the cousins (female)*

Come si chiama ...?   *What is ... name?*
Chi è ...?   *Who is ...?*   Chi sono ...?   *Who are ...?*
Come si chiamano ...?   *What are ... names?*
una delle ...   *one of the ...*
l'altra ...   *the other*

 **Aim 2**

Each student will be able to ask a peer how many people there are in his/her family and who they are and be able to respond

---

PRATICA ORALE

1. **Michele:** Quante persone ci sono nella tua famiglia?
   Lucia: Ci sono tre persone nella mia famiglia.
   Michele: Chi sono?
   Lucia: Siamo mia madre, mio fratello ed io.

2. **Marisa:** Quante persone ci sono nella tua famiglia?
   Giacomo: Ci sono sei persone nella mia famiglia.
   Marisa: Chi sono?
   Giacomo: Siamo i miei genitori, i miei due fratelli, mia
   sorella ed io.

3. **Paolo:** Quante persone ci sono nella tua famiglia?
   Sabrina: Ci sono nove persone nella mia famiglia.
   Paolo: Chi sono?
   Sabrina: Siamo mia mamma, mio papà, mia nonna, i miei
   tre fratelli, le mie due sorelle ed io.

PRATICA DI CONVERSAZIONE

Each student asks two other peers *Quante persone ci sono nella tua famiglia?* and after receiving a response then asks *Chi sono?* Listen carefully to each response.

PRATICA SCRITTA

Write the questions that a peer would ask you to find out how many people there are in your family and who they are. Then respond to each question.

Quante persone ci sono nella tua famiglia?
How many people are there in your family?
Ci sono ... persone nella mia famiglia.
There are ... people in my family.
Chi sono?
Who are they?
Siamo ... ed io.
We are ... and I.

il papà, il padre   *the father*
la mamma, la madre   *the mother*

Aim 3   *Each student will be able to ask a peer the names of the members of his / her family and be able to respond*

==== PRATICA ORALE ====

1. **Sara:** Come si chiama tua madre?
    Tommaso: Mia madre si chiama Carmela.

2. **Rosa:** Come si chiama tuo papà?
    Giovanni: Mio papà si chiama Pietro.

3. **Giuseppe:** Come si chiama tuo fratello?
    Luigi: Lui si chiama Paolo.

4. **Anna:** Come si chiama tua sorella?
    Gino: Lei si chiama Sabrina.

5. **Giulio:** Come si chiamano i tuoi fratelli?
    Giulia: Loro si chiamano Vincenzo ed Enrico.

6. **Maria:** Come si chiamano i tuoi cugini?
    Filippo: Loro si chiamano Roberto e Carmela.

7. **Gloria:** Come si chiamano le tue sorelle?
    Filippo: Loro si chiamano Silvia e Margherita.

▰▰▰▰ DOMANDE CHIAVE ▰▰▰▰▰▰

1. What does *Loro* mean in **Pratica orale**, number 5?
2. What does *Loro* mean in **Pratica orale**, number 6?
3. What does *Loro* mean in **Pratica orale**, number 7?
4. To whom does each of these subjects refer?

▰▰▰▰ PRATICA DI CONVERSAZIONE ▰▰▰▰▰▰

One peer partner asks the other *Quante persone ci sono nella tua famiglia?* followed by *Chi sono?* Based on the information given, s/he asks the names of the family members of his/her partner. Then the other partner asks the questions.

Example:

1. **Luigi**: Quante persone ci sono nella tua famiglia?
2. **Candida:** Ci sono cinque persone nella mia famiglia.
3. **Luigi:** Chi sono?
4. **Candida:** Siamo mia madre, i miei due fratelli, mia sorella ed io.
5. **Luigi:** Come si chiama tua mamma?
6. **Candida:** Lei si chiama Gloria.
7. **Luigi:** Come si chiamano i tuoi fratelli?
8. **Candida:** Loro si chiamano Giuseppe ed Antonio.
9. **Luigi:** Come si chiama tua sorella?
10. **Candida:** Lei si chiama Margherita.

▰▰▰▰ PRATICA SCRITTA ▰▰▰▰▰▰

Write the following in dialogue form using your own name and the name of a friend. Refer to the example in the preceding dialogue.

1. First write the questions that a friend would ask you to find out how many people there are in your family and who they are. Respond to each question.
2. Write the questions that s/he would ask you to find out the names of each of your family members and respond to each question.

VOCABOLARIO

Come si chiama ...?	*What is ... name?*
... si chiama ...	*... name is ...*
Come si chiamano ...?	*What are ... names?*
... si chiamano ...	*... names are ...*

Enrico	*Henry*		Chiara	*Claire*
Luigi	*Lewis*		Gloria	*Gloria*
Giulio	*Julius*		Giulia	*Julia*
Massimo	*Max*		Luisa	*Louise*
Roberto	*Robert*		Rachele	*Rachel*
Mario	*Mario*		Silvia	*Sylvia*

loro   *they (males or females)*

Aim 4   *Each student will be able to ask a peer the ages of the members of his/her family and be able to respond*

PRATICA ORALE

1. **Enrico:** Quanti anni ha tua mamma?
    Lucia: Lei ha quarantadue anni.

2. **Silvia:** Quanti anni ha tuo fratello?
    Mario: Lui ha diciannove anni.

3. **Giulio:** Quanti anni hanno le tue sorelle?
    Luisa: Mia sorella Elena ha ventiquattro anni e mia
        sorella Isabella ha quindici anni.

4. **Gloria:** Quanti anni hanno i tuoi nonni?
    Giulia: Mio nonno Tommaso ha sessantacinque anni e mia
        nonna Maria ha settantaquattro anni. Io non so quanti anni
        hanno gli altri nonni.

▰▰▰ Pratica di conversazione ▰▰▰

One peer partner asks the other *Quante persone ci sono nella tua famiglia?* followed by *Chi sono?* Based on the information given, s/he asks the ages of the family members of his/her partner. Then the other partner asks the questions. ***Example:***

1. **Teresa:** Quante persone ci sono nella tua famiglia?
2. **Michele:** Ci sono sei persone nella mia famiglia.
3. **Teresa:** Chi sono?
4. **Michele:** Siamo i miei genitori, le mie due sorelle, mio fratello ed io.
5. **Teresa:** Quanti anni hanno i tuoi genitori?
6. **Michele:** Mio padre ha quarantadue anni e mia mamma ha trentasette anni.
7. **Teresa:** Quanti anni hanno le tue sorelle?
8. **Michele:** Mia sorella Sabrina ha dodici anni e mia sorella Carmela ha quattordici anni.
9. **Teresa:** Quanti anni ha tuo fratello?
10. **Michele:** Lui ha sedici anni.

▰▰▰ Pratica scritta ▰▰▰

Write the following in dialogue form using your own name and the name of a peer. Refer to the **Pratica di conversazione** dialogue.

1.   Write the questions that a peer would ask you to find out how many people there are in your family and who they are. Respond to each question.
2.   Write the questions that s/he would ask you to find out the ages of each of your family members and respond to each question.
3.   Write the names and ages in words of all the members of the two Italian families in **Pratica orale 3**, *Aim 1*.

▰▰▰ Vocabolario ▰▰▰

Quanti anni ha...? *How old is...?*
    ... ha ... anni.   *... is ... years old.*
Quanti anni hanno ...?   *How old are ...?*
    ... hanno ... anni.   *... are ...years old.*
Non so.   *I don't know.*
Non so quanti anni ha ... *I don't know how old ... is.*

 **Aim 5** *Each student will be able to ask a peer what each member of his / her family is like and be able to respond*

PRATICA ORALE

1. **Silvia:** Com'è tuo padre?
   Roberto: Mio padre è alto, magro, forte e simpatico.

2. **Remo:** Com'è tua madre?
   Luigi: Mia mamma è bassa, magra, intelligente e buona.

3. **Giulia:** Com'è tuo fratello?
   Giuseppe: Lui è cattivo, brutto, debole, antipatico e stupido.

4. **Chiara:** Com'è tua nonna?
   Gloria: Lei è bella, vecchia, sincera e generosa.

5. **Enrico:** Come sono i tuoi fratelli?
   Margherita: Mio fratello Roberto è basso, giovane, creativo e divertente e mia sorella Carmela è alta, romantica, pigra e forte.

PRATICA DI CONVERSAZIONE 1

One peer partner asks the other *Quante persone ci sono nella tua famiglia?* followed by *Chi sono?* Based on the information given s/he asks what each member of the other partner's family is like. Then the other partner asks the questions.

Example:

1. **Gianni:** Quante persone ci sono nella tua famiglia?
2. **Anna:** Ci sono cinque persone nella mia famiglia.
3. **Gianni:** Chi sono?
4. **Anna:** Siamo mia madre, mio fratello, le mie due sorelle ed io.
5. **Gianni:** Com'è tua madre?
6. **Anna:** Lei è alta, simpatica, forte e generosa.
7. **Gianni:** Com'è tuo fratello?
8. **Anna:** È magro, divertente, pigro e bello.
9. **Gianni:** Come sono le tue sorelle?
10. **Anna:** Mia sorella Elena è grassa, buona, creativa e generosa e mia sorella Sabrina è magra, bella, intelligente e simpatica.

PRATICA DI CONVERSAZIONE 2

Partners take turns asking and answering the following questions.
Answer with at least three characteristics for each person.

1. Com'è tuo cugino?

2. Com'è tua cugina?

3. Com'è tuo nonno?

4. Com'è tua nonna?

5. Com'è il tuo migliore amico?

6. Com'è la tua migliore amica?

PRATICA SCRITTA

Write the following in dialogue form using your own name and the name of a peer. Refer to the **Pratica di conversazione 1**.

1. Write the questions that a peer would ask to find out how many people there are in your family and who they are. Respond to each question.
2. Then write the questions s/he would ask you to find out what each member of your family is like and respond.
3. Write the questions and answers of the **Pratica di conversazione 2**, numbers 1–6.

VOCABOLARIO

Com'è ...?   *What is ... like?*
Come sono ...?   *What are ... like?*

bello(a)	*pretty / handsome*	Mio nonno **non è vivo** più.
creativo(a)	*creative*	... *is **no longer living***.
divertente	*funny*	
pigro(a)	*lazy*	il mio migliore amico *my best friend*
romantico(a)	*romantic*	la mia migliore amica *my best friend*

 *Each student will be able to ask a peer where each member of his/her family is from and be able to respond*

PRATICA ORALE

1. **Tommaso:** Di dov'è tuo padre?
   Paolo: Mio papà è degli Stati Uniti.

2. **Anna:** Di dov'è tua madre?
   Rosa: Lei è del Veneto.

3. **Elena:** Di dov'è tuo nonno?
   Pietro: È di Bari.

4. **Giuseppe:** Di dov'è tua nonna?
   Chiara: Non so di dov'è mia nonna.

5. **Michele:** Di dove sono i tuoi zii?
   Isabella: Loro sono degli Stati Uniti.

6. **Rachele:** Di dove sono i tuoi nonni?
   Filippo: Mia nonna è di Napoli e mio nonno è di Palermo.

PRATICA DI CONVERSAZIONE

One peer partner asks the other *Quante persone ci sono nella tua famiglia?* followed by *Chi sono?* Based on the information given, s/he asks where each member of his/her partner's family is from. Then the other partner asks the questions. ***Example:***

1. **Sabrina:** Quante persone ci sono nella tua famiglia?
2. **Luigi:** Ci sono sei persone nella mia famiglia.
3. **Sabrina:** Chi sono?
4. **Luigi:** Siamo i miei genitori, i miei nonni, mia sorella ed io.
5. **Sabrina:** Di dove sono i tuoi genitori?
6. **Luigi:** Loro sono degli Stati Uniti.
7. **Sabrina:** Di dove sono i tuoi nonni?
8. **Luigi:** Mio nonno è di Roma e mia nonna è di Bologna.
9. **Sabrina:** Di dov'è tua sorella?
10. **Luigi:** Lei è degli Stati Uniti.

▭ PRATICA SCRITTA ▭

Write the following in dialogue form using your own name and the name of a friend.

1.   Write the questions a peer would ask you to find out how many people there are in your family and who they are. Respond to each question.

2.   Then write the questions s/he would ask you to find out where each member of your family is from and respond.

3.   Write the question s/he would ask you to find out where your grandparents are from and respond to the question.

▭ PRATICA DI COMPRENSIONE ▭

You will hear a few oral questions in Italian about your family; after the second repetition, write the answer to each question with a complete sentence in Italian.

 *Each student will be able to ask a peer what activities s/he does with each member of the family and be able to respond*

PRATICA ORALE

1. **Pietro:** Cosa fate tu e tuo padre? (Cosa fate voi?)
   Paolo: Mio padre ed io (Noi) giochiamo a calcio, facciamo la spesa, viaggiamo e nuotiamo d'estate.

2. **Gloria:** Cosa fate tu e tua madre? (Cosa fate voi?)
   Sabrina: Mia madre ed io (Noi) parliamo molto, giochiamo a tennis ed andiamo ai negozi.

3. **Elena:** Cosa fate tu e tuo fratello? (Cosa fate voi?)
   Carlo: Mio fratello ed io (Noi) guardiamo la televisione, cuciniamo e puliamo la casa.

4. **Luigi:** Cosa fate tu e tua sorella? (Cosa fate voi?)
   Rosa: Mia sorella ed io (Noi) studiamo, ascoltiamo la musica, cantiamo e balliamo alle feste.

5. **Giuseppe:** Cosa fate tu e tuo cugino? (Cosa fate voi?)
   Gianni: Mio cugino ed io andiamo al cinema la domenica, andiamo al mare d'estate, camminiamo molto in primavera e giochiamo a pallacanestro in autunno.

DOMANDE CHIAVE

1. What does the word *noi* mean? To whom does it refer?

2. When the subject of a sentence is *noi* or an equivalent *(Il mio amico ed io / Mio fratello ed io),* in what letters does the verb end?

PRATICA DI CONVERSAZIONE

A. One peer partner asks the other *Quante persone ci sono nella tua famiglia?* followed by *Chi sono?* Based on the information given, s/he asks what s/he does with each member of the family.

Example:

1. **Roberto:** Quante persone ci sono nella tua famiglia?
2. **Luisa:** Ci sono tre persone nella mia famiglia.
3. **Roberto:** Chi sono?
4. **Luisa:** Siamo mia mamma, mio fratello ed io.
5. **Roberto:** Cosa fate tu e tua madre?
6. **Luisa:** Noi parliamo molto, cuciniamo, andiamo al cinema e giochiamo a tennis spesso.
7. **Roberto:** Cosa fate tu e tuo fratello?
8. **Luisa:** Noi facciamo la spesa, puliamo la casa, laviamo i piatti, e suoniamo la chitarra.

B. Partners ask one another the following questions.

1. Cosa fate tu ed il tuo migliore amico?
2. Cosa fate tu e la tua migliore amica?
3. Cosa fate tu e tuo cugino (o tua cugina)?
4. Cosa fate tu e tuo zio (o tua zia)?

VOCABOLARIO

lavare i piatti	*to wash the dishes*	spesso *often*
pulire la casa	*to clean the house*	
noi	*we*	Loro *you (two or more adults)*
voi	*(you) two or more peers*	loro *they*
giocare	*to play:* tu gio**chi**, noi gio**chi**amo	

fare *to do, to make* (irregular)		**andare** *to go* (irregular)	
io **faccio**	noi **facciamo**	io **vado**	noi andiamo
tu **fai**	voi fate	tu **vai**	voi andate
Lei fa	Loro **fanno**	Lei **va**	Loro **vanno**
lui fa	loro **fanno**	lui **va**	loro **vanno**
lei fa	loro **fanno**	lei **va**	loro **vanno**

Each student will be able to ask a peer what each member of the family does and what two or more family members do together

=== PRATICA ORALE ===

1. **Rachele:** Quante persone ci sono nella tua famiglia?
2. **Rocco:** Ci sono sette persone nella mia famiglia.
3. **Rachele:** Chi sono?
4. **Rocco:** Siamo i miei genitori, le mie due sorelle, mio fratello, mia nonna ed io.
5. **Rachele:** Cosa fanno i tuoi genitori?
6. **Rocco:** Loro lavorano in un negozio, ascoltano la musica, camminano molto, e viaggiano d'estate.
7. **Rachele:** Cosa fanno le tue sorelle?
8. **Rocco:** Loro guardano la televisione, fanno la spesa, suonano la chitarra, vanno al cinema e giocano a tennis.
9. **Rachele:** Cosa fa tuo fratello?
10. **Rocco:** Lui ascolta la radio, balla nelle discoteche, gioca a pallacanestro e va al cinema.
11. **Rachele:** Cosa fa tua nonna?
12. **Rocco:** Lei cucina, lava i piatti, parla al telefono e riposa molto.

=== DOMANDE CHIAVE ===

1. When a person talks about two or more people, in what letters does a regular –ARE verb end?
2. When a person talks about one person, in what letter does a regular –ARE verb end?

=== VOCABOLARIO ===

essere	*to be* (irregular)		avere	*to have* (irregular)	
io **sono**	noi **siamo**		io **ho**	noi **abbiamo**	
tu **sei**	voi **siete**		tu **hai**	voi **avete**	
Lei **è**	Loro **sono**		Lei **ha**	Loro **hanno**	
lui **è**	loro **sono**		lui **ha**	loro **hanno**	
lei **è**	loro **sono**		lei **ha**	loro **hanno**	

▰▰▰▰▰▰ PRATICA DI CONVERSAZIONE ▰▰▰▰▰▰▰▰▰▰▰▰▰

1. Ask the appropriate questions to find out how many people there are in your friend's family and who they are. Then find out what each member of the family does and what two or more members do together.

2. Partners ask one another the following questions.

> a. Cosa fanno i tuoi amici?
> b. Cosa fanno le tue amiche?
> c. Cosa fanno i tuoi cugini?
> d. Cosa fanno i tuoi nonni?

▰▰▰▰▰▰ PRATICA SCRITTA ▰▰▰▰▰▰▰▰▰▰▰▰▰▰▰▰▰▰

1. Write the appropriate questions a peer partner would ask you to find out how many people there are in your family and who they are. Then respond to each question.

2. Write the questions s/he would ask you to find out what each member of the family does and what two or more members do together and respond.

▰▰▰▰▰▰ RIASSUNTO ▰▰▰▰▰▰▰▰▰▰▰▰▰▰▰▰▰▰▰▰▰▰

One or two pairs of students can play the roles for the entire class followed by peer practice.

1. **Maria:** _____?
2. **Elena:** Ci sono cinque persone nella mia famiglia.

3. **Maria:** _____?
4. **Elena:** Siamo mia madre, mio fratello, le mie due sorelle ed io.

5. **Maria:** _____?
6. **Elena:** Mia mamma si chiama Rosa.

7. **Maria:** _____?
8. **Elena:** Lei ha trentasette anni.

9. **Maria:** _____?
10. **Elena:** È intelligente, bella, simpatica, magra ed atletica.

11. **Maria:** _____?
12. **Elena:** È di Torino.

13. **Maria:** _____?
14. **Elena:** Mia mamma ed io parliamo molto, andiamo al supermercato, cuciniamo ed andiamo al cinema.

15. **Maria:** _____?
16. **Elena:** Il mio fratello maggiore guarda la televisione, suona il piano, gioca a baseball e studia molto.

17. **Maria:** _____?
18. **Elena:** Le mie sorelle fanno esercizi, lavano i piatti, vanno a molte feste, ballano molto e giocano a pallacanestro.

Mia sorella gioca a pallacanestro.

DOMANDE CHIAVE

1. Is the definite article used with relatives when there is a possessive adjective?

2. When it is omitted, is the relative singular or plural?

3. Are these nouns modified or unmodified?

4. What happens when a possessive adjective comes before a modified singular noun that is a relative?

Aim 9 — *Each student will be able to do a "Riassunto grammaticale": the use of singular and plural subject pronouns with regular –ARE verbs*

parlare italiano		**guardare** la televisione	
io parl**o**	noi parl**iamo**	io guard**o**	noi guard**iamo**
tu parl**i**	voi parl**ate**	tu guard**i**	voi guard**ate**
Lei parl**a**	Loro parl**ano**	Lei guard**a**	Loro guard**ano**
lui parl**a**	loro parl**ano**	lui guard**a**	loro guard**ano**
lei parl**a**	loro parl**ano**	lei guard**a**	loro guard**ano**

PRATICA SCRITTA

A. Choose the correct form of the following –*ARE* verbs.

1. I miei fratelli _____ molto la radio.
   a. ascolti   b. ascoltiamo   c. ascoltano   d. ascolta

2. La mia amica ed io _____ molto in classe.
   a. imparano   b. imparo   c. impari   d. impariamo

3. Io _____ in casa ogni sera.
   a. mangio   b. mangiamo   c. mangi   d. mangiano

4. Signor Coletta, _____ bene Lei?
   a. balli   b. balla   c. ballate   d. balliamo

5. Roberto, _____ (tu) in un negozio dopo scuola?
   a. lavoro   b. lavori   c. lavora   d. lavorate

B. Write any appropriate subject pronoun:

6. _____ guardi la televisione.

7. _____ cuciniamo molto bene.

8. _____ lava i piatti.

9. _____ andiamo in Svizzera.

10. _____ nuoto d'estate.

C. Write the correct form of the *–ARE* infinitive in parentheses.

11. (ballare) La mia migliore amica ed io _____ molto alle feste.

12. (suonare) Mio fratello _____ il piano e la chitarra.

13. (studiare) I miei amici _____ molto in scuola.

14. (parlare) Enrico, (tu) _____ molto bene l'inglese.

15. (cenare) Carlo ed Anna, dove _____ voi?

16. (camminare) Io _____ molto quando fa bel tempo.

17. (comprare) Signora Coletta, che _____ (Lei) per la cena di stasera?

VOCABOLARIO

SUBJECT PRONOUNS

Singular		**Plural**	
io	*I*	noi	*we*
tu	*you (a peer or friend)*	voi	*you (friends or peers)*
Lei	*you (an adult or stranger)*	Loro	*you (adults or strangers)*
lui	*he*	loro	*they (males and females)*
lei	*she*		

la mia sorella maggiore	*... older ...*		
il mio fratello maggiore	*... older ...*		
cenare	*to eat dinner*	la cena	*dinner*
ogni sera	*each / every evening*	stasera	*this evening*

ascoltare

io	noi
tu	voi
Lei lui, lei	Loro loro

o	iamo
i	ate
a	ano

SITUAZIONE

You meet an Italian-speaking peer at a party. After s/he asks you about your family, you also want to know about his/her family. Find out:

a. how many people there are in the family
b. who they are
c. the name of each member of the family
d. the age of each member of the family
e. what each member of the family is like
f. where each member of the family is from
g. what s/he does with each member of the family
h. what each member of the family does
i. what two or more members of the family do together

This role play can be done two times with different partners. Partners can change roles each time.

DOMANDA CHIAVE

If you had to interview an Italian-speaking adult about his/her family as part of your job, how would you ask each of the questions of the **Situazione**?

Una lettera a un amico (un'amica) di penna
(A letter to a pen pal)

You are given an opportunity to write a letter to an Italian-speaking pen pal. In the first paragraph of your letter do the following:

a. greet him/her
b. tell him/her your name
c. tell him/her your age
d. tell him/her where you live
e. tell him/her what you are like
f. tell him/her what you like to do
g. ask him/her how old s/he is
h. ask him/her when his/her birthday is
i. ask him/her what s/he is like
j. ask him/her what s/he likes to do

In the second paragraph of your letter tell him/her about your family. Give all the information outlined in the **Situazione**, letters a–g, on the previous page.

In the third paragraph, ask him/her five questions about his/her family. Ask questions that you have learned.

Use the following format to indicate your city, the date, the salutation and the farewell.

> **New York, il 10 maggio, 19__**
>
> **Caro (name),**
>   **or**
> **Cara (name),**
>
> _____
> _____
> _____
> _____
> _____
> _____
>
>   **Un abbraccio,**
>   **(Your name)**

VOCABOLARIO

caro(a)   *dear*   un abbraccio   *an embrace, a hug*

UN RIPASSO

- *Chi sei tu? / Chi è Lei?*
  — Così sono io
- *La scuola*
- *La famiglia*
- *Riassunto grammaticale*

□ **Topic**

Personal identification • School • Family

□ **Situation**

Interaction with individual peers in the classroom and with adults in the community

□ **Function**

Providing and obtaining information of personal identification
Providing and obtaining basic information about school and family
Introducing oneself, greeting, leave-taking

□ **Proficiency**

Listening and speaking: Can comprehend simple questions and respond appropriately with possible need for repetition
Can initiate and carry on a simple face-to-face conversation
Writing: Can write a letter to an Italian-speaking pen pal

☐ **AIM 1**

Each student will be able to read with comprehension a dialogue between two teenagers who meet in Italy

☐ **AIM 2**

Each student will be able to ask a peer if s/he likes to do each of certain activities and be able to respond

☐ **AIM 3**

Each student will be able to ask a peer some basic questions of personal identification, about family and school, and be able to respond

☐ **AIM 4**

Each student will be able to ask an adult some basic questions of personal identification, about family and school, and be able to respond

☐ **AIM 5**

Each student will be able to initiate and carry on a face-to face conversation with both a peer and an adult

 **Aim 1** *Each student will be able to read with comprehension a dialogue between two teenagers who meet in Italy*

LETTURA: PARTE I

Anna, una ragazza simpatica, si incontra con Giuseppe, un bel ragazzo, in un caffè di Roma.

1. **Giuseppe:** Ciao! Mi chiamo Giuseppe. E tu? Come ti chiami?

2. **Anna:** Mi chiamo Anna.

3. **Giuseppe:** Di dove sei?

4. **Anna:** Sono degli Stati Uniti. E tu?

5. **Giuseppe:** Sono italiano.
   Quanti anni hai, Anna?

6. **Anna:** Ho sedici anni. E tu, Giuseppe?

7. **Giuseppe:** Ho diciassette anni.
   Quando è il tuo compleanno?

8. **Anna:** Il mio compleanno è il tredici agosto. Ed il tuo?

9. **Giuseppe:** È il trenta gennaio. Dove abiti?

10. **Anna:** Abito nello stato di New York, a Brooklyn. E tu?

11. **Giuseppe:** Abito qui a Roma.
    Cosa ti piace fare nel tuo tempo libero?

12. **Anna:** Mi piace ascoltare la musica, parlare al telefono con le mie amiche, leggere romanzi, giocare a tennis e ballare. E a te?

13. **Giuseppe:** Mi piace uscire con i miei amici, andare al cinema, andare alla spiaggia e giocare a calcio.

❑ *Comprensione della lettura: Vero o Falso*

If the statement is true, write *Vero* and copy the statement. If the statement is false, write *Falso* and rewrite the statement, **correcting the bold part**.

1. Anna si incontra con Giuseppe a **New York**.

2. Anna è **antipatica** e Giuseppe è **brutto**.

3. Anna è **degli Stati Uniti**.

4. Giuseppe ha **diciotto** anni.

5. Il compleanno di Giuseppe è **il venti febbraio**.

6. Anna abita **nello stato di Florida, a Miami**.

7. Ad Anna piace **parlare al telefono e leggere i romanzi**.

8. A Giuseppe piace andare **in discoteca** e giocare **a tennis**.

❑ *Vocabolario della lettura:*

... si incontra con ... / incontra ...   *meets*
qui   *here*   un bel ragazzo   *a nice boy*
8. Ed il tuo? / E il tuo?   *And yours? (When used with*
                                           il tuo compleanno.)
12. Ed a te? / E a te?   *And you? (When used with* ti piace?)
     il romanzo   *novel*

14. **Giuseppe:** Quante persone ci sono nella tua famiglia?

15. **Anna:** Ci sono cinque persone nella mia famiglia.

16. **Giuseppe:** Chi sono?

17. **Anna:** Siamo i miei genitori, mio fratello, mia sorella ed io.
    E quante persone ci sono nella tua famiglia?

18. **Giuseppe:** Ci sono otto persone nella mia famiglia. Siamo i miei
    genitori, le mie due sorelle, mio fratello, i miei nonni ed io.
    In quale scuola studi?

19. **Anna:** Studio in una scuola superiore. E tu?

20. **Giuseppe:** Studio al liceo scientifico. Cosa studi a scuola?

21. **Anna:** Studio l'inglese, la matematica, l'italiano, la musica,
    le scienze, la storia, l'educazione fisica ed i computers. E tu?

22. **Giuseppe:** Studio l'italiano, l'inglese, la biologia, la matematica,
    la fisica, e la chimica. Qual è la tua materia preferita?

23. **Anna:** La mia materia preferita è la musica. E la tua?

24. **Giuseppe:** La mia preferita è l'inglese.

25. **Anna:** Si fa tardi.
    A domani?

26. **Giuseppe:** Va bene.
    Arrivederci, Anna.

27. **Anna:** Ci vediamo, Giuseppe.

Studio al liceo scientifico.

❑ *Comprensione della lettura: Vero o Falso*

If the statement is true, write *Vero* and copy the statement. If the statement is false, write *Falso* and rewrite the statement, **correcting the bold part**.

9. Ci sono **sei** persone nella famiglia di Anna.

10. **Il nonno e la nonna** di Giuseppe abitano con la famiglia di Giuseppe.

11. Anna studia **in una scuola media**.

12. Giuseppe studia in **un liceo**.

13. Anna studia due lingue: **lo spagnolo ed il francese**.

14. Giuseppe studia **la fisica e la chimica**.

15. La materia preferita di Anna è **l'inglese**.

❑ *Vocabolario della lettura:*
19. la scuola superiore   *high school*
25. Si fa tardi.   *It is getting late.*
26. Va bene.   *Okay.*
27. Ci vediamo. / Arrivederci.   *Until we meet again.*
Domanda 13: la lingua   *language*

NOTA CULTURALE

We note that Giuseppe's grandparents live with his family. It is not unusual to find grandparents and grandchildren living in the same house. In Italy, the Italian family is an extended one, including parents, children, grandparents and often other relatives. How does this compare with the American family?

Giuseppe attends a *"liceo"* which refers to a public high school in Italy.

RIASSUNTO

Write five sentences indicating what you learned about Anna and five about Giuseppe.

VOCABOLARIO DI RIPASSO

1. Come ti chiami? / Come si chiama Lei?   *What's your name?*
   Mi chiamo ...   *My name is ...*

2. Di dove sei? / Di dov'è Lei?   *Where are you from?*
   Sono di ...   *I'm from ...(place of birth)*

3. Quanti anni hai? / Quanti anni ha Lei?   *How old are you?*
   Ho ... anni.   *I'm ... years old.*

I numeri 1–20							
uno	1	sei	6	undici	11	sedici	16
due	2	sette	7	dodici	12	diciassette	17
tre	3	otto	8	tredici	13	diciotto	18
quattro	4	nove	9	quattordici	14	diciannove	19
cinque	5	dieci	10	quindici	15	venti	20

4. Quando è il tuo compleanno? / Quando è il Suo compleanno?
   When is your birthday?

   Il mio compleanno è il ... ...   *My birthday is the ... (day) ... (month)*
   Note: *Exception:* il primo ...   *the first day of ... (any month)*

I mesi dell'anno			
gennaio	aprile	luglio	ottobre
febbraio	maggio	agosto	novembre
marzo	giugno	settembre	dicembre

5. In quale anno sei nato(a)? / In quale anno è nato(a) Lei?
    In what year were you born?
    Sono nato(a) nel mille novecento ...
    I was born in 19 ...

I numeri 30–90

trenta	30	quaranta	40	cinquanta	50	sessanta	60
settanta	70	ottanta	80	novanta	90		

---

6. Dove abiti? / Dove abita Lei?   *Where do you live?*
    Abito a ...   *I live in ... (city or town)*
    Abito in ...   *I live in ... (state or country)*

7. Qual è il tuo numero telefonico? / Qual'è il Suo numero telefonico?
    What is your telephone number?
    Il mio numero telefonico è ...   *My telephone number is ...*

8. Cosa ti piace fare nel tuo tempo libero? / Cosa Le piace fare nel Suo
    tempo libero?   *What do you like to do in your free time?*

    Mi piace ...   *I like* ...

    ballare   *to dance*
    camminare   *to walk*
    cantare   *to sing*
    cucinare   *to cook*
    mangiare   *to eat*
    comprare   *to buy*
      gli abiti   *clothes*
      il cibo   *food*
    correre   *to run*
    riposare   *to rest*
    dormire   *to sleep*
    scrivere lettere
      to write letters
    ascoltare la radio
      to listen to the radio
    parlare al telefono
      to speak on the telephone
    fare esercizi
      to do exercises
    lavorare   *to work*

    andare al cinema
      to go to the movies
    andare alle feste
      to go to parties
    andare al mare
      to go to the beach
    andare alle discoteche
      to go to the discos
    giocare a gli sport
      to play sports
    leggere il giornale / i romanzi
      to read the newspaper / novels
    guardare la televisione
      to watch, look at television
    nuotare   *to swim*
    uscire con un amico / un'amica
      to go out with a friend
    suonare la chitarra
      to play the guitar
    viaggiare   *to travel*

9. Quante persone ci sono nella tua famiglia? / Quante persone ci sono
    nella Sua famiglia? *How many people are there in your family?*
    Ci sono ... persone nella mia famiglia.
        There are ... people in my family.
    Chi sono? *Who are they?*
    Siamo mia madre, mio fratello ed io.
        We are my mother, my brother and I.
    Siamo i miei genitori, le mie due sorelle ed io.
        We are my parents, my two sisters and I.

10. In quale scuola studi? / In quale scuola studia Lei?
        In what school do you study?
    Studio in una scuola media.
        I study in a middle / junior high school.
    Studio in una scuola superiore / in un liceo.
        I study in a high school.

11. Cosa studi a scuola? / Cosa studia Lei nella scuola serale?
        What do you study in school? / ...in night school?

    Studio ...   *I study ...*

    l'arte *art*   la storia   *history*
    la biologia   *biology*   l'inglese   *English*
    le scienze   la matematica   *mathematics*
        (general) science   la dattilografia   *typewriting*
    i computers (l'informatica)   la musica   *music*
        computers
    l'educazione fisica   la chimica   *chemistry*
        physical education   la tecnologia   *technology*
    l'italiano   *Italian*   la fisica   *physics*

12. Qual è la tua materia preferita? / Qual è la sua materia preferita?
        What is your favorite subject?
    La mia materia preferita è ...
        My favorite subject is ...

essere	*to be*
io **sono**	noi **siamo**
tu **sei**	voi **siete**
Lei **è**	Loro **sono**
lui **è**	loro **sono**
lei **è**	loro **sono**

Each student will be able to ask a peer if s/he likes to do each of the following activities and be able to respond

Pratica di conversazione

Partners take turns (every other picture) asking each other *Ti piace ...?* followed by the activity represented in the picture. Partners respond *Mi piace ...* if they like or *Non mi piace ...* if they don't like to do the activity. After completing one round, the other partner begins the second one. Remember to answer in complete sentences.

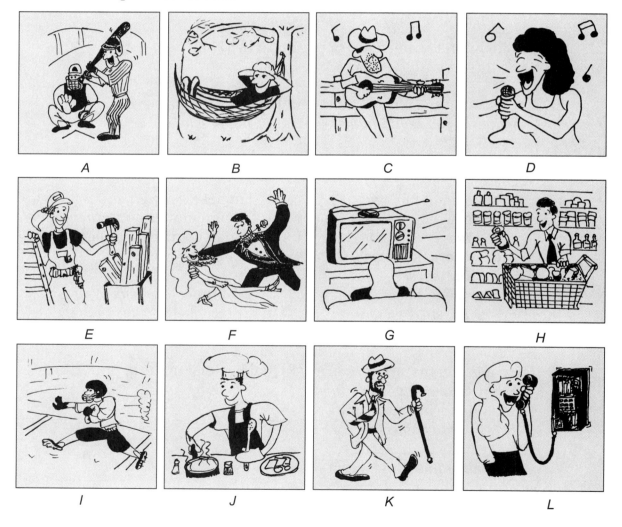

M N O P

Q R S T

U V W X

PRATICA SCRITTA

Write the five activities you most like to do and the five activities you don't like to do.

Aim 3

Each student will be able to ask a peer some basic questions about personal identification, family and school and be able to respond

PRATICA DI CONVERSAZIONE

Peer partners ask each other the following questions of personal identification, school and family. This **pratica** can be repeated with a different partner.

1. Come ti chiami?

2. Di dove sei? (paese)

3. Quanti anni hai?

4. Quando è il tuo compleanno?

5. In quale anno sei nato(a)?

6. Dove abiti? (città)

7. Qual è il tuo numero telefonico?

8. Cosa ti piace fare nel tuo tempo libero? (cinque attività)

9. Quante persone ci sono nella tua famiglia? Chi sono?

10. In quale scuola studi?

11. Cosa studi a scuola?

12. Qual è la tua materia preferita?

Mi piace uscire con le mie amiche.

PRATICA SCRITTA

Write and answer the questions of the **Pratica di conversazione**, numbers 1–12.

RIASSUNTO

One or two pairs of students can play the roles for the entire class followed by peer practice.

1. **Giovanni:** Ciao! _____?
2. **Maria:** Mi chiamo Maria. E tu?
3. **Giovanni:** _____. _____?
4. **Maria:** Sono degli Stati Uniti. E tu?
5. **Giovanni:** _____. Dove abiti?
6. **Maria:** _____.
7. **Giovanni:** _____?
8. **Maria:** Ho quattordici anni. E tu?
9. **Giovanni:** _____.
10. **Maria:** _____?
11. **Giovanni:** Il mio compleanno è l'undici febbraio. Ed il tuo?
12. **Maria:** _____.
13. **Giovanni:** _____?
14. **Maria:** Sono nata nel 19__.
15. **Giovanni:** _____?
16. **Maria:** Mi piace suonare la chitarra, giocare a pallavolo, andare al cinema, uscire con le mie amiche e comprare abiti nuovi. E a te?
17. **Giovanni:** _____. _____?
18. **Maria:** Il mio numero telefonico è 792-5168. _____?
19. **Giovanni:** Ci sono cinque persone nella mia famiglia. Siamo mia madre, mia zia, i miei due fratelli ed io. In quale scuola studi?
20. **Maria:** _____.
21. **Giovanni:** _____?
22. **Maria:** Studio l'inglese, la matematica, lo spagnolo, le scienze, la storia e l'arte.
23. **Giovanni:** Qual'è la tua materia preferita?
24. **Maria:** _____. Si fa tardi. Arrivederci, Giovanni.
25. **Giovanni:** Ci vediamo, Maria.

======= **ATTIVITÀ** =======

Una lettera a un amico (un'amica) di penna

Write a letter to an Italian-speaking pen pal. Tell as much about yourself as you can and then ask your pen pal at least five questions. Use the following format to indicate your city, the date, the salutation and the farewell.

(City), il ___ ___ 19_

Caro(a) amico(a),

_____

_____

_____

_____

Un abbraccio,
(Sign your name.)

Each student will be able to ask an adult some basic questions of personal identification, family and school and be able to respond

======= **PRATICA DI CONVERSAZIONE** =======

Peer partners play the role of two adults who do not know one another and ask each other the following questions.

1. Come si chiama Lei?

2. Di dov'è Lei? (paese)

3. Quanti anni ha Lei?

4. Quando è il Suo compleanno?

5. In quale anno è nato(a) Lei?

6. Dove abita Lei? (città)

7. Qual'è il Suo numero telefonico?

8. Cosa Le piace fare nel Suo tempo libero? (cinque attività)

9. Quante persone ci sono nella Sua famiglia? Chi sono?

10. A quale scuola serale studia Lei?

11. Cosa studia Lei alla scuola serale?

12. Qual è la Sua materia preferita?

PRATICA SCRITTA

Write and practice the questions of the **Pratica di conversazione,** numbers 1–12.

ATTIVITÀ

Interview an Italian-speaking person in your community. Be prepared to state in class what you learned about the person.

a. greet the person
b. state your name
c. tell the person in what school you study Italian
d. tell the person that you would like to ask him/her some personal questions and that your homework assignment is to interview an Italian-speaking adult in your community
e. ask the person his/her name
f. ask the person where s/he is from
g. ask the person when his/her birthday is
h. ask the person where s/he lives
i. ask the person what s/he likes to do in his/her free time
j. ask the person how many people there are in his/her family and who they are
k. thank the person for the interview

❑ *Vocabolario:*

a. Buon giorno. / Buona sera.
d. Mi piacerebbe farLe delle domande personali. Il mio compito è di fare un'intervista con una persona del vicinato che parla italiano.
k. ... per l'intervista

Each student will be able to initiate and carry on a face-to-face conversation with both a peer and an adult

⬛ SITUAZIONI ORALI ⬛

Peer partners will play the roles in these situations exchanging at least five questions and answers. Partners can exchange roles when doing the situations a second time.

1. **Function:** Socializing

Roles: We are at a party. I am an exchange student who has recently arrived from Italy.

Purpose: We are socializing because you want to get to know me. You will begin the conversation.

2. **Function:** Providing and obtaining information

Roles: I have recently arrived with my family from Italy. You have stopped at my new home to inquire about babysitting possibilities.

Purpose: Since the ability to communicate in Italian is required, I will interview you to obtain personal information in Italian. I will begin the conversation.

Mi piace comprare abiti nuovi.

7

CHE ORE SONO?
LA CASA E LA
VITA DELLA CASA

□ **Topic**

Telling time • House and home

□ **Situation**

Interaction with individual peers and adults

□ **Function**

Providing and obtaining information about one's home
Expressing personal feelings about one's home and possessions

□ **Proficiency**

Listening and speaking: Can comprehend simple statements
   and questions and can respond appropriately with possible need
   for repetition
  Can ask questions appropriate to the communicative situation
Writing: Can write a letter to an Italian-speaking pen pal about
   one's home and the chores done by each family member

☐ **Aɪᴍ 1**

Each student will be able to ask another person "What time is it?" and be able to answer the question

☐ **Aɪᴍ 2**

Each student will be able to state the rooms of his/her house or apartment and the activities s/he does in each room

☐ **Aɪᴍ 3**

Each student will be able to do a *"Riassunto grammaticale"*: the use of singular and plural subject pronouns with regular *–ERE* and *–IRE* and *IRE (-isc)* verbs in the present tense

☐ **Aɪᴍ 4**

Each student will be able to identify the principal furnishings and appliances in each room of the house

☐ **Aɪᴍ 5**

Each student will be able to read with comprehension a dialogue between two teenagers who meet in Italy

☐ **Aɪᴍ 6**

Each student will be able to ask a peer or friend and adult basic questions about his/her house or apartment and be able to respond

Aim 1a *Each student will be able to tell time on the hour*

PRATICA ORALE

Che ora è?

Sono le dieci.   Sono le due.   Sono le sette.   È l'una.

PRATICA DI CONVERSAZIONE

Peer practice in groups of two. One partner asks *"Che ora è?"* and the second responds by stating the appropriate time on each clock. Then partners reverse roles.

1   2   3   4   5   6

PRATICA SCRITTA

Write the time in Italian words of clocks 1–6.

VOCABOLARIO

Che ora è? / Che ore sono?
   What time is it?
Sono le dieci.   *It's ten o'clock.*
È l'una.   *It's one o'clock.*

Aim 1b *Each student will be able to tell time between the hour and the half-hour*

PRATICA ORALE

Che ora è?

Sono le dieci
e cinque.

Sono le dodici
e dieci.

Sono le nove
e venti.

È l'una
e venticinque.

PRATICA DI CONVERSAZIONE

Peer practice in groups of two.

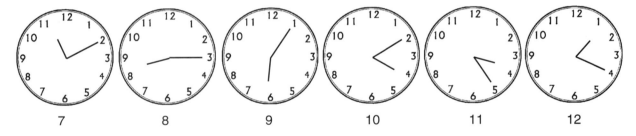

7   8   9   10   11   12

PRATICA SCRITTA

Write the time in Italian
words of clocks 7–12.

VOCABOLARIO

Sono le dieci e cinque.
It's five after ten.
It's ten-oh-five.
È l'una e venticinque.
It's twenty-five after one.
It's one twenty-five.

 **Aim 1c** *Each student will be able to tell the time a quarter after the hour*

PRATICA ORALE

Che ora è?

Sono le dieci
ed un quarto.

Sono le cinque
ed un quarto.

Sono le otto
ed un quarto.

È l'una
ed un quarto.

PRATICA DI CONVERSAZIONE

Peer practice in groups of two.

13 14 15 16 17 18

PRATICA SCRITTA

Write the time in Italian words
of clocks 13–18.

VOCABOLARIO

un quarto   *a quarter of an hour*
Sono le dieci ed un quarto.
   It's a quarter after ten.
   It's ten-fifteen.
È l'una ed un quarto.
   It's a quarter after one.
   It's one-fifteen.

Aim 1d

Each student will be able to tell time on the half-hour

PRATICA ORALE

Che ora è?

| Sono le dieci e mezzo. | Sono le tre e mezzo. | Sono le sette e mezzo. | È l'una e mezzo. |

PRATICA DI CONVERSAZIONE

Peer practice in groups of two.

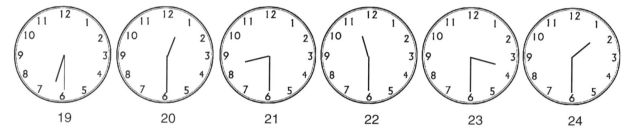

19   20   21   22   23   24

PRATICA SCRITTA

Write the time in Italian words of clocks 19–24.

VOCABOLARIO

mezzo   *half an hour*
Sono le dieci e mezzo.
   It's half past ten.
   It's ten-thirty.
È l'una e mezzo.
   It's half past one.
   It's one-thirty.

========= **R**IASSUNTO INTERMEDIO =========

❏ *Pratica di conversazione:*

Peer practice in groups of two. Each student asks his partner
Che ora è? The partner then states the time indicated by the clocks in the
first row (1–6). The second partner next asks *Che ora è?* and his partner
states the time indicated in the second row (7–12). Then reverse roles to enable
each partner to practice telling the time of the other clocks.

========= **P**RATICA DI COMPRENSIONE =========

You will hear five different times. Choose the picture that corresponds
to what you hear. Write only the letter.

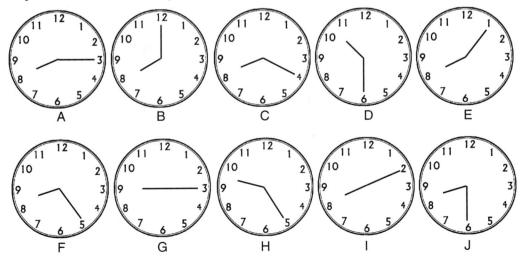

Aim 1e *Each student will be able to tell time between thirty-one minutes after the hour and the hour*

PRATICA ORALE

Che ora è?

Sono le dieci
meno venti.

Sono le otto
meno cinque.

Sono le quattro
meno venticinque.

È l'una
meno dieci.

PRATICA DI CONVERSAZIONE

Peer practice in groups of two

25　　　　26　　　　27　　　　28　　　　29　　　　30

PRATICA SCRITTA

Write the time in Italian words
of clocks 25–30.

VOCABOLARIO

Sono le dieci meno venti.
It's twenty to ten.
It's nine-forty.
È l'una meno dieci.
It's ten to one.
It's twelve-fifty.

 **Aim 1f** *Each student will be able to tell the time a quarter to the hour*

PRATICA ORALE

Che ora è?

Sono le dieci
meno un quarto.

Sono le quattro
meno un quarto.

Sono le sette
meno un quarto.

È l'una
meno un quarto.

PRATICA DI CONVERSAZIONE

Peer practice in groups of two.

| 31 | 32 | 33 | 34 | 35 | 36 |

PRATICA SCRITTA

Write the time in Italian words
of clocks 31–36.

VOCABOLARIO

Sono le dieci meno un quarto.
It's a quarter to ten.
It's nine forty-five.
È l'una meno un quarto.
It's a quarter to one.
It's twelve forty-five.

▰▰▰ DOMANDE CHIAVE ▰▰▰

1. To state any time **between 12:31 and 1:30,** what must precede the hour?
   " _____ *l'una.*" 1:00

2. To state **all other hours of the day,** what must precede the hour?
   " _____ *le undici.*" 11:00 / " _____ *le tre.*" 3:00

3. To state any time **from the hour to the half-hour,** what must be placed after the hour and before the minutes?
   "*È l'una* _____ *dieci.*" 1:10 / "*Sono le otto* _____ *venti.*" 8:20

4. To state any time **between 31 minutes after the hour and the hour,** what must be placed after the hour and before the minutes?
   "*È l'una* _____ *venti.*" 12:40 / "*Sono le sei* _____ *cinque.*" 5:55

5. To state **a quarter of an hour** before or after the hour, what expression can we use?
   "*È l'una e* _____." 1:15 / "*Sono le tre meno* _____." 2:45

6. To state **the half-hour past the hour,** what expression can we use?
   "*È l'una e* _____." / "*Sono le sette e* _____." 7:30

▰▰▰ RIASSUNTO: PRATICA DI CONVERSAZIONE ▰▰▰

Peer practice in groups of two with a different partner. Alternate rows of clocks and then reverse roles to enable each partner to practice the other set of clocks.

RIASSUNTO: PRATICA DI COMPRENSIONE

1. You will hear three times of the day; choose the picture that corresponds to what you hear. Write only the letter.

A   B   C   D   E   F

2. You will hear five different times. After the second repetition, write each time in numerals.

> ***Example:*** *Sono le undici meno un quarto.* — Answer: 10:45
> *È l'una e venti.* — Answer: 1:20

RIASSUNTO: PRATICA SCRITTA

Write the following times in Italian words.

1. It's 8:26.
2. It's 4:45.
3. It's 1:30.
4. It's 11:55.
5. It's 2:10.
6. It's 9:35.
7. It's 1:14.
8. It's 6:40.
9. It's 3:19.
10. It's twenty to nine.
11. It's half past four.
12. It's a quarter to eleven.

Per favore, che ora è?

Each student will be able to state the rooms of his/her house or apartment and the activities s/he does in each room

PRATICA ORALE 1

Le stanze della casa

la cucina

la sala da pranzo

la camera da letto

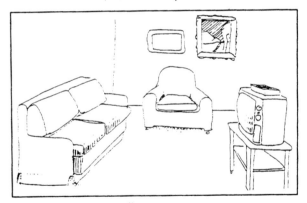

il salotto

il bagno

l'altra camera da letto

PRATICA ORALE 2

1. **Anna:** Dove guardi la televisione?
   Gianni: Guardo la televisione nel salotto.

2. **Filippo:** Dove ceni?
   Elena: Ceno nella sala da pranzo.

3. **Rosa:** Dove fai i tuoi compiti?
   Giuseppe: Faccio i miei compiti nella mia camera da letto.

4. **Antonio:** Dove cucina Lei?
   Sig.ra Petrucci: Cucino in cucina.

5. **Maria:** Dove dorme Lei?
   Sig.na Coletti: Dormo nella mia camera da letto.

6. **Carlo:** Dove si fa la doccia Lei?
   Sig. D'Angelo: Mi faccio la doccia nel bagno.

DOMANDE CHIAVE

Recall how you answered the question *"Come si chiama Lei?"* Now look at the question and answer to number six in the **Pratica orale** above. Notice that the verbs of both sets of questions and answers are similar. How would you ask a peer "What's your name?" Now, how would Carlo ask a peer question number six? How would you answer this question? Verbs that function in this way are called **reflexive verbs**.

Faccio i miei compiti
nella mia camera da letto.

PRATICA DI CONVERSAZIONE

One partner asks the other questions 1–9. Then the second partner asks questions 10–18. Reverse roles and questions.

1. Dove studi?
2. Dove cucini?
3. Dove dormi?
4. Dove lavi i piatti?
5. Dove ti fai il bagno?
6. Dove ascolti la radio?
7. Dove fai i tuoi compiti?
8. Dove ceni?
9. Dove scrivi lettere?

10. Dove guarda la televisione Lei?
11. Dove fa il bucato Lei?
12. Dove legge il giornale Lei?
13. Dove asciuga i piatti Lei?
14. Dove si fa la doccia Lei?
15. Dove riposa Lei?
16. Dove fa i compiti Lei?
17. Dove apparecchia la tavola Lei?
18. Dove parla al telefono Lei?

PRATICA SCRITTA

Complete the following statements by writing the room or rooms in which you do the following activities.

1. Guardo la televisione _____.
2. Mi faccio la doccia _____.
3. Scrivo le lettere _____.
4. Asciugo i piatti _____.
5. Riposo _____.
6. Faccio il bucato _____.
7. Faccio gli esercizi _____.
8. Apparecchio la tavola _____.
9. Studio _____.

10. Dormo _____.
11. Cucino _____.
12. Faccio i compiti _____.
13. Lavo i piatti _____.
14. Leggo il giornale _____.
15. Ceno _____.
16. Ascolto la radio _____.
17. Mi faccio il bagno _____.
18. Parlo al telefono _____.

VOCABOLARIO

le stanze della casa   *the rooms of the house*

il bagno   *bathroom*
la cucina   *the kitchen*
la sala da pranzo
   the dining room

la stanza da letto   *the bedroom*
l'altra stanza da letto
   the other bedroom
il salotto / la sala / il soggiorno
   the living room

Dove ...?   *Where ...?*

    ... cucini? / ... cucina Lei?   *... do you cook?*
    Io cucino ...   cucinare   *to cook*
    ... ceni? / ... cena Lei?   *... do you have dinner?*
    Io ceno ...   cenare   *to eat dinner*
    ... riposi? / ... riposa Lei?   *... do you rest?*
    Io riposo...   riposare   *to rest*
    ... dormi? / ... dorme Lei?   *... do you sleep?*
    Io dormo ...   dormire   *to sleep*
    ... scrivi le lettere? / ... scrive le lettere Lei?   *... do you write letters?*
    Io scrivo ...   scrivere   *to write*
    ... ascolti la radio? / ... ascolta la radio Lei?   *...do you listen to the radio?*
    Io ascolto ...   ascoltare   *to listen to*
    ... parli al telefono? / ... parla ... Lei?   *... do you speak on the telephone?*
    Io parlo ...   parlare ...   *to speak*
    ... fai gli esercizi? / ... fa ... Lei?   *... do you exercise?*
    Io faccio ...   fare   *to do*   i compiti   *the homework*
    ... fai il bucato? / ... fa il bucato Lei?   *... do you wash clothes?*
    Io lavo ...   lavare   *to wash*   i piatti   *the dishes*
    ... leggi il giornale? / ... legge ... Lei?   *... do you read the newspaper?*
    Io leggo ...   leggere   *to read*
    ... guardi la televisione? / ... guarda ... Lei?   *... do you watch television?*
    Io guardo ...   guardare   *to watch, look at*
    ... apparecchi la tavola? / ...apparecchia la tavola Lei?
            ... do you set the table?
    Io apparecchio ...   apparecchiare la tavola   *to set the table*
    ... asciughi i piatti? / ... asciuga ... Lei?   *... do you dry the dishes?*
    Io asciugo ...   asciugare   *to dry*
    ... ti fai il bagno? / ... si fa il bagno Lei?   *... do you take a bath?*
    Io mi faccio il bagno ...   farsi il bagno   *to take a bath*
    ... ti fai la doccia? / ... si fa la doccia Lei?   *... do you take a shower?*
    Io mi faccio la doccia ...   farsi la doccia ...   *to take a shower*
    ... ti lavi? / ... si lava Lei?   *... do you wash up?*
    Io mi lavo ...   lavarsi   *to wash up*

◼◼◼◼ RIASSUNTO ◼◼◼◼

Tell a peer partner the activities (including chores) you do in each room of the house. State at least two or three for each room. Partners take turns.

    Example: **Nel bagno** mi faccio il bagno, mi faccio la doccia, mi lavo.

Each student will be able to do a "Riassunto grammaticale": the use of singular and plural subject pronouns with regular –ERE, –IRE and –IRE (–isc–) verbs in the present tense

Un ripasso

parlare al telefono		**lavare** i piatti	
io parl**o**	noi parl**iamo**	io lav**o**	noi lav**iamo**
tu parl**i**	voi parl**ate**	tu lav**i**	voi lav**ate**
Lei parl**a**	Loro parl**ano**	Lei lav**a**	Loro lav**ano**
lei parl**a**	loro parl**ano**	lei lav**a**	loro lav**ano**
lui parl**a**	loro parl**ano**	lui lav**a**	loro lav**ano**

Riassunto grammaticale

leggere i libri	
io legg**o**	noi legg**iamo**
tu legg**i**	voi legg**ete**
Lei legg**e**	Loro legg**ono**
lei legg**e**	loro legg**ono**
lui legg**e**	loro legg**ono**

partire alle otto	
io part**o**	noi part**iamo**
tu part**i**	voi part**ite**
Lei part**e**	Loro part**ono**
lei part**e**	loro part**ono**
lui part**e**	loro part**ono**

finire i compiti	
io fin**isco**	noi fin**iamo**
tu fin**isci**	voi fin**ite**
Lei fin**isce**	Loro fin**iscono**
lei fin**isce**	loro fin**iscono**
lui fin**isce**	loro fin**iscono**

more verbs like *finire* are:

capire	*to understand*
preferire	*to prefer*
punire	*to punish*
suggerire	*to suggest*
obbedire	*to obey*
pulire	*to clean*
spedire	*to send, to mail*
proibire	*to forbid, prohibit*

Domande chiave

1.　In what ways are the endings of regular *–ERE* and *–IRE* verbs in the present tense similar? In what way are they different?

2.　In what ways are these endings similar to regular *–ARE* verbs in the present tense? In what ways are they different?

3.　How does the verb *finire* differ from the other *–IRE* verbs? Does this happen in every person? How are *finire*–type verbs similar to other *–IRE* verbs?

▰▰▰▰▰ PRATICA SCRITTA ▰▰▰▰▰

A. Choose the correct form of the following *–ERE, –IRE* and *–ISC–* verbs.

1. Mia sorella _____ molte lettere.
   a. scrivono   b. scriviamo c. scrive d. scrivo
2. Il mio amico ed io _____ la classe d'italiano.
   a. preferisco b. preferisce c. preferite d. preferiamo
3. I miei nonni _____ per Roma oggi.
   a. partono b. partite c. partiamo d. parte
4. Gianni, (tu)_____ molti soldi al negozio?
   a. spende b. spendi c. spendo d. spendiamo
5. Signor Serranti, _____ Lei il giornale tutti i giorni?
   a. leggi b. legge c. leggo d. leggete

B. Write any possible subject pronoun.

6. _____ partiamo per San Francisco.
7. _____ capisco bene l'italiano.
8. _____ corrono molto la domenica.
9. _____ scrivi molte lettere.
10. _____ riceve molti regali.

C. Write the correct form of the *–ERE, –IRE* and *–ISC–* infinitive in parentheses:

11. (capire) Gianni e Paolo _____ lo spagnolo.
12. (scrivere) Anna, (tu) _____ molte lettere alle tue amiche.
13. (preferire) Carlo e Maria, (voi) _____ parlare inglese?
14. (leggere) La mia amica ed io _____molti romanzi.
15. (dormire) I miei zii _____ in un albergo questa sera.
16. (offrire) Io _____ una bibita alla mia amica.
17. (ricevere) Mia sorella _____ molti regali per il suo compleanno.
18. (correre) Roberto _____ molto nel parco.
19. (aprire) Noi sempre _____ le finestre d'estate.
20. (pulire) Signora Petrucci, _____ bene la casa Lei?

▰▰▰▰▰ VOCABOLARIO ▰▰▰▰▰

aprire	*to open*	l'albergo	*hotel*
spendere i soldi	*to spend money*	la bibita	*soft drink, beverage*
offrire	*to offer*	tutti i giorni	*every day*
ricevere regali	*to receive presents*	questa sera	*this evening*

━━━ **ATTIVITÀ** ━━━

Le attività e le faccende domestiche della mia famiglia.
My family's activities and chores at home.

A. Preparation:
Write a list indicating the activities and chores done by each member of your family at home. Be prepared to share this list with your classmates.

B. Reporting out:
Students form groups of three or four. Each person in the group (one at a time) tells the others two or three activities and chores each family member does at home. ***Examples:***

> Mio padre asciuga i piatti, porta fuori le immondizie
>   e legge il giorniale.
> Mia madre ascolta la radio, cucina e fa il bucato.
> Mia sorella lava i piatti, parla al telefono e noi due puliamo la casa.
> Mio fratello Paolo fa gli esercizi e lui ed io apparecchiamo la tavola.
> L'altro mio fratello non fa niente in casa.

Chi lava i piatti?

━━━ **VOCABOLARIO** ━━━

portare fuori le immondizie   *to take out the garbage*
L'altro mio fratello non fa niente.   *My other brother doesn't do anything.*
apparecchiare la tavola   *to set the table*

Aim 4 *Each student will be able to identify the principal furnishings and appliances in each room of the house*

==== **PRATICA ORALE** ====

I mobili della casa

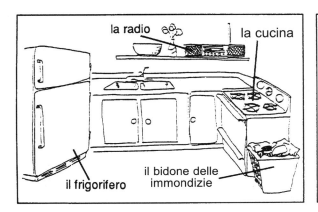

la radio
la cucina
il frigorifero
il bidone delle immondizie

la sedia
la tavola

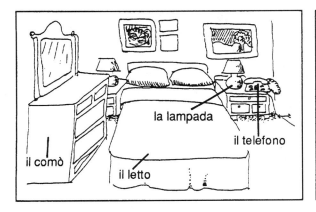

la lampada
il telefono
il comò
il letto

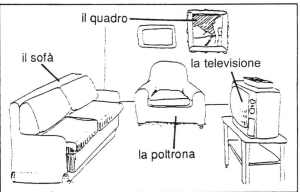

il quadro
il sofà
la televisione
la poltrona

la doccia
il lavandino
la toletta
la vasca

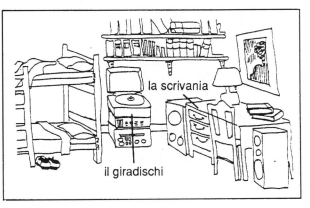

la scrivania
il giradischi

PRATICA DI CONVERSAZIONE

Peer partners take turns asking the following questions to find out in what room each of the furnishings is located.

Example: In quale stanza c'è il letto?
Il letto è nella camera da letto.

1. In quale stanza c'è il letto?
2. In quale stanza c'è il frigorifero?
3. In quale stanza c'è la televisione?
4. In quale stanza c'è la lampada?
5. In quale stanza c'è la cucina?
6. In quale stanza c'è la tavola?
7. In quale stanza c'è il lavandino?
8. In quale stanza c'è il telefono?
9. In quale stanza c'è la doccia?
10. In quale stanza c'è la poltrona?
11. In quale stanza c'è la radio?
12. In quale stanza c'è il comò?
13. In quale stanza c'è il bidone delle immondizie?
14. In quale stanza c'è la scrivania?
15. In quale stanza ci sono i quadri?
16. In quale stanza ci sono le sedie?

PRATICA SCRITTA

Complete each sentence with the appropriate furnishings or appliance.

1. La madre di Gina cucina il cibo sulla _____.
2. Le persone dormono nel _____.
3. Io mi lavo nel _____.
4. La mia famiglia mangia sulla _____ della sala da pranzo.
5. Io mi faccio la doccia nella _____.
6. Conserviamo il cibo nel _____.
7. Guardiamo la televisione seduti sulla _____ o sul _____.
8. Mia nonna ha molti _____ sul muro.
9. Quando io faccio i miei compiti scrivo sulla _____.
10. Mi piace molto la musica. Suono sempre i dischi sul _____.
11. Mia sorella parla molto al _____ con i suoi amici.
12. Io mi faccio il bagno nella _____.

VOCABOLARIO

i mobili della casa   *the furniture of the house*

la vasca da bagno	*the bathtub*	la lampada	*the lamp*
la poltrona	*the armchair*	la tavola	*the table*
il letto	*the bed*	il frigorifero	*the refrigerator*
il comò	*the dresser*	il sofà	*the sofa*
il quadro	*the picture,*	la televisione	*the television*
	the painting	il giradischi	*the record*
la doccia	*the shower*		*player, stereo*
la cucina	*the stove*	il lavandino	*the sink*
il bidone delle immondizie		il muro	*the wall*
garbage can		la toletta	*the toilet*
		seduto	*seated*

conservare	*to keep*
o	*or*

RIPASSO DI VOCABOLARIO

il computer   *the computer*
il disco   *the record*
la scrivania   *the desk*
la radio   *the radio*
la sedia   *the chair*
il telefono   *the telephone*

il salotto

Each student will be able to read with comprehension a dialogue between two teenagers who meet in Italy

LETTURA: PARTE I

Sono le sette e mezzo di sera. Anna, la ragazza americana, si incontra con Giuseppe, il ragazzo italiano, nello stesso caffè a Roma. Durante la conversazione parlano di come vivono.

1. **Anna:** Qual'è il tuo indirizzo?
2. **Giuseppe:** Abito in Via Enrico Fermi, numero 35.
3. **Anna:** Abiti in un villino o in un appartamento?
4. **Giuseppe:** Abito in un appartamento.

5. **Anna:** A quale piano abiti?
6. **Giuseppe:** Abito al quinto piano.
7. **Anna:** Quanti piani ha il tuo palazzo?
8. **Giuseppe:** Il palazzo ha otto piani.
9. **Anna:** Ha l'ascensore il palazzo?
10. **Giuseppe:** Sì, ha due ascensori.
11. **Anna:** Quante stanze ci sono nel tuo appartamento?
12. **Giuseppe:** Ci sono otto stanze nel mio appartamento.
13. **Anna:** Quali sono?
14. **Giuseppe:** Sono il salotto, la cucina, la sala da pranzo, il bagno e quattro camere da letto.

15. **Anna:** Com'è la tua camera da letto?
16. **Giuseppe:** La mia camera è piccola però mi piace molto perché è molto comoda. Ho il mio computer, la mia radio, la mia televisione ed il mio giradischi.
17. **Anna:** Com'è la cucina?
18. **Giuseppe:** La cucina è grande e molto moderna. Mia mamma passa molto tempo lì. Lei ha tutto in cucina. Mio padre non aiuta in cucina però qualche volta io lavo i piatti se mia mamma non sta bene.

❏ *Comprensione della lettura: Vero o Falso*

If the statement is true, write *Vero* and copy the statement. If the statement is false, write *Falso* and rewrite the entire statement, **correcting the bold portion.**

1. Sono **le sei ed un quarto** di sera.
2. Giuseppe abita in **un villino**.
3. Lui abita **all'ottavo** piano.
4. Il palazzo dove abita Giuseppe ha **due** ascensori.
5. Ci sono **sette** stanze nell'appartamento di Giuseppe.
6. La sua camera da letto è **grande**.
7. A Giuseppe piace la sua camera da letto perché è **scomoda**.
8. Giuseppe ha **una radio, una televisione ed un giradischi** nella sua camera da letto.
9. La cucina del suo appartamento è molto **vecchia**.
10. La madre di Giuseppe passa **poco** tempo in cucina.
11. Giuseppe lava i piatti **molte volte**.
12. **Suo padre** non aiuta in cucina.

❏ *Vocabolario della lettura:*

americano(a) *American*
Lui / Lei si incontra con ... *S/he meets ...*
stesso(a) ... *same ...*
durante la conversazione *during the conversation*
vivere *to live:* di come vivono *about how they live*

1. Qual è il tuo indirizzo? *What is your address?*
2. Abito in Via ..., numero .... *I live on ... Street, number ....*
   Abito in Corso ..., numero ... *I live on ... Avenue, number ....*
3. Abiti in un villino o in un appartamento?
   Do you live in a house or in an apartment?
4. Abito in .... *I live in ....*

5. A quale piano abiti?   *On what floor do you live?*
   Abito al ... piano.   *I live on the ... floor.*

primo	*first*	quinto	*fifth*	nono	*ninth*
secondo	*second*	sesto	*sixth*	decimo	*tenth*
terzo	*third*	settimo	*seventh*		
quarto	*fourth*	ottavo	*eighth*		

7. Quanti piani ha il tuo palazzo?
   How many floors does your building have?
   Il mio palazzo ha ... piani.   *My building has ... floors.*

9. Ha l'ascensore il palazzo?   *Does the building have an elevator?*
   Sì, ha l'ascensore.   *It has ...*   No, non ha ...   *It doesn't have ...*

   Ha un giardino il tuo villino?   *Does your house have a garden?*
   Si, ha ... / No, non ha un giardino.
      Yes, it has ... / No, it does not have a garden.

autorimessa	*garage*	i balconi	*balconies*
il seminterrato	*basement*		
la terrazza	*terrace*	i fiori	*flowers*
gli alberi	*trees*		

11. Quante stanze ci sono nel tuo appartamento?
    How many rooms are there in your apartment?
    Ci sono ... stanze nel mio ...   *There are ... rooms in my ...*
    Quali sono?   *What are they?*
    Sono ...   *They are ...*

15. Com'è la tua camera da letto?   *What is your bedroom like?*
    La mia **camera da letto** è:
       grande   *large*
       media   *medium*
       piccola   *small*

       bella   *pretty*
       brutta   *ugly*

       comoda   *comfortable*
       scomoda   *uncomfortable*
       moderna   *modern*
       nuova   *new*
       vecchia   *old*

16. Com'è il tuo salotto? *What is your living room like?*
    Il **salotto** è
            grande / medio / piccolo
            bello / brutto
            moderno / nuovo / vecchio
            comodo / scomodo

se *if*
però / ma *but*
molte volte *many times*
qualche volta *sometimes*
passare molto tempo *to spend a lot of time*
lei / lui ha tutto *she / he has everything*   lì *there*
aiutare *to help*

il **suo** villino / appartamento
    his/her house / apartment
la **sua** camera da letto / sala da pranzo
    his/her bedroom/dining room

La mia camera da letto è media.

1. **Giuseppe:** Anna, qual'è il tuo indirizzo?
2. **Anna:** Abito in Via De Voe, numero 847.
3. **Giuseppe:** Abiti in una casa o in un appartamento?
4. **Anna:** Abito in una casa.
5. **Giuseppe:** Quanti piani
   ha la tua casa?
6. **Anna:** La mia casa
   ha due piani.
7. **Giuseppe:** Quante stanze ci
   sono nella tua casa?
8. **Anna:** Ci sono nove stanze
   nella mia casa.
9. **Giuseppe:** Quali sono?
10. **Anna:** Sono il salotto,
    la cucina, la sala
    da pranzo, lo studio,
    tre camere da letto
    e due bagni.

11. **Giuseppe:** Com'è il salotto?
12. **Anna:** Il salotto è grande e molto bello.
13. **Giuseppe:** E com'è la cucina?
14. **Anna:** La cucina non è né grande né piccola. È così così.
15. **Giuseppe:** E tuo padre, aiuta tua madre a cucinare?
16. **Anna:** Certo. Mio padre lava i piatti dopo la cena. Mia mamma
    lavora in un ufficio. Dopo il lavoro, cucina. Mia sorella apparecchia
    la tavola, mio fratello porta fuori le immondizie ed io
    asciugo i piatti.
17. **Giuseppe:** Qual'è la tua stanza preferita?
18. **Anna:** La mia stanza preferita è la mia camera da letto. È piccola,
    però studio lì, parlo al telefono con la mia amica, ascolto la musica
    e leggo romanzi.
19. **Giuseppe:** Ha una terrazza la tua casa?
20. **Anna:** No, non ha una terrazza però ha un giardino con molti alberi e
    molti fiori. Mio padre lavora nel giardino in primavera e d'estate.
    La casa ha anche un'autorimessa.

❑ *Comprensione della lettura:*

Answer the following questions with complete sentences in Italian.

1. Qual è l'indirizzo di Anna?
2. Lei abita in una casa o in un appartamento?
3. Quante stanze ci sono nella sua casa?
4. Quali sono le stanze della sua casa?
5. Com'è la cucina?
6. Cosa fa il padre di Anna dopo la cena?
7. Dove lavora la madre di Anna?
8. Chi apparecchia la tavola?
9. Chi porta fuori le immondizie?
10. Chi asciuga i piatti?
11. Qual è la stanza preferita di Anna?
12. Quali attività fa Anna nella sua stanza preferita?
13. Ha una terrazza la casa?
14. Cosa c'è nel giardino?
15. Quando lavora il padre di Anna nel giardino?

❑ *Vocabolario della lettura:*

16. certo, certamente   *of course, certainly*
    dopo la cena   *after supper*
    dopo il lavoro   *after work*
    Lei / Lui lavora in un ufficio.   *She / He works in an office.*
17. Qual è la tua stanza preferita?   *What is your favorite room?*
    La mia stanza preferita è ...   *My favorite room is ...*
20. anche   *also*

le stagioni dell'anno:

l'estate   *summer*
l'autunno   *autumn, fall*
l'inverno   *winter*
la primavera   *spring*

180

Each student will be able to ask a peer or friend and adult basic questions about his/her house or apartment and be able to respond

Peer practice in groups of two.

1. Qual'è il tuo indirizzo?
2. Abiti in una casa o in un appartamento?
3. Quanti piani ha il palazzo/la casa dove abiti?
4. A quale piano abiti?
5. Quante stanze ci sono nella tua casa (o nel tuo appartamento)?
6. Quali sono?
7. Com'è la tua camera da letto?
8. Com'è la cucina?
9. Com'è il salotto?
10. Qual'è la tua stanza preferita? Perché?
11. C'è un'autorimessa nel tuo appartamento (o nella tua casa)?
12. C'è una terrazza nel tuo palazzo o nella tua casa?
13. Come aiuti in casa tua?

PRATICA SCRITTA

1. Write and answer the questions of the **Pratica di conversazione**, numbers 1–13.
2. Change each question, whenever necessary, of the **Pratica di conversazione** to the appropriate form to ask an adult.

ATTIVITÀ

1. Draw a floor plan of your apartment or house. Label each room and draw or paste a picture of the major furnishings and appliances found in each room of your house. Write the name of each room and furnishing or appliance in Italian.

2a. Write a letter to an Italian pen pal in which you tell him/her the following about your home environment:

1. your address
2. if you live in an apartment or in a house
3. the number of rooms in your home and what they are
4. the number of floors in your house or apartment building
5. two things about each room (size and description)
6. two pieces of furniture (or appliances) in each room
7. in what room you spend a lot of time
8. what your favorite room is and why
9. what chores you do in the house
10. the chores other members of the family do in the house
11. if there is a patio, garden, basement or garage in your house, or a terrace in your apartment building

2b. Now ask him/her three questions about his/her house or apartment.

Use the following format to indicate your city, the date, the salutation and the farewell.

(city), il ___ ____ 19__

Caro(a) amico(a) _____,

_____

_____

_____

_____

_____

_____

Un abbraccio,
(Sign your name.)

Geography, natural resources and history often conspire to shape our landscape.
Here, a modern city apartment building and a seaside villa share common building
materials—concrete and stone, materials used throughout the country.
Italian builders are among the foremost masons in the world. While Americans use
steel and concrete in city dwellings, many of our dwellings in both suburb and
countryside use wood-frame construction. What factors might account for the difference?

LA SALUTE

I DIVERTIMENTI

☐ **Topic**

Health and welfare • Leisure

☐ **Situation**

Informal everyday conversations with individual peers and adults

☐ **Function**

Providing and obtaining information about one's health and
leisure activities
Getting others to adopt a course of action by suggesting and advising
Expressing personal feelings

☐ **Proficiency**

Can comprehend simple statements and questions and can
respond appropriately with possible need for repetition
Can ask questions appropriate to the communicative situation

□ **Aim 1a**

Each student will be able to identify parts of the body and be able to state that a specific part hurts him/her

□ **Aim 1b**

Each student will be able to state what's the matter with each of the certain people and tell why each of them isn't going to school or work

□ **Aim 1c**

Each student will be able to ask a peer and an adult questions related to health and be able to respond

□ **Aim 2a**

Each student will be able to ask a peer and an adult if s/he likes to play a particular sport and be able to respond

□ **Aim 2b**

Each student will be able to ask a peer and an adult "What sports do you play?" and be able to respond

□ **Aim 3**

Each student will be able to read with comprehension a dialogue between two teenagers who meet in Italy

□ **Aim 4**

Each student will be able to ask a peer questions about his/her extracurricular activities after school, leisure activities during the weekend and summer vacation, and be able to respond

Each student will be able to identify parts of the body and be able to state that a specific part hurts him/her

PRATICA ORALE

Le parti del corpo umano

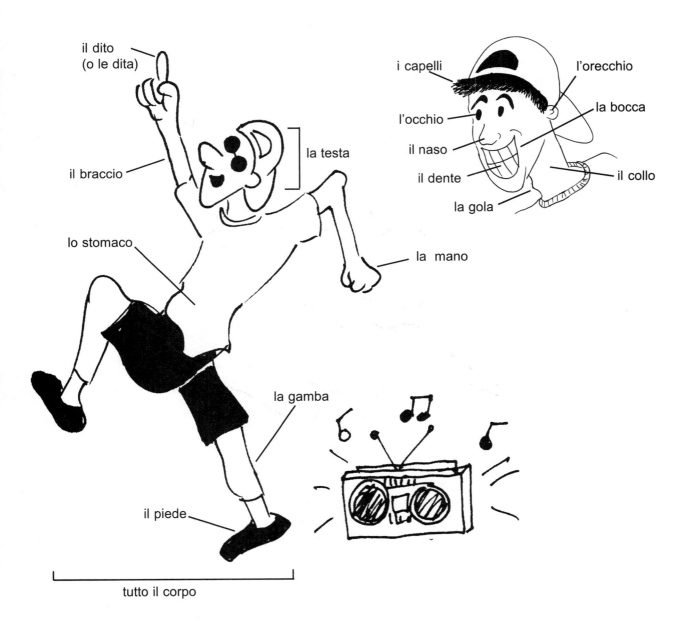

il dito (o le dita)

i capelli

l'orecchio

l'occhio

la bocca

il naso

la testa

il braccio

il dente

il collo

la gola

lo stomaco

la mano

la gamba

il piede

tutto il corpo

PRATICA DI CONVERSAZIONE

Peer practice in groups of two.

A. One partner plays the role of the mother or father and asks his/her partner *Cosa ti fa male?* The other partner, the son or daughter, points to the number on the diagram and indicates it is the part of his/her body that hurts.

Example:
Padre o madre: Cosa ti fa male?
Figlio o figlia: Mi fa male la mano.

B. Now partners change roles. This time the doctor asks the question, *Cosa Le fa male?* You, the patient, point to the part of your body that hurts and respond appropriately.

Example:
Dottore(ssa): Cosa Le fa male?
Paziente: Mi fa male la gola.

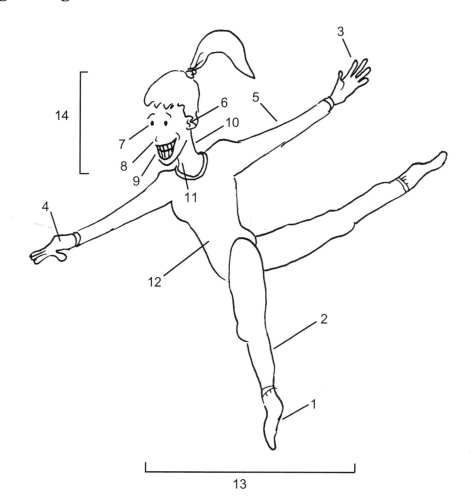

PRATICA DI COMPRENSIONE

1.   You will hear a few statements indicating that a specific part of the body hurts each of the following people. After the second repetition, choose the part of the body that corresponds to what you hear. Write only the letter.

Example: A Carlo fa male il braccio.

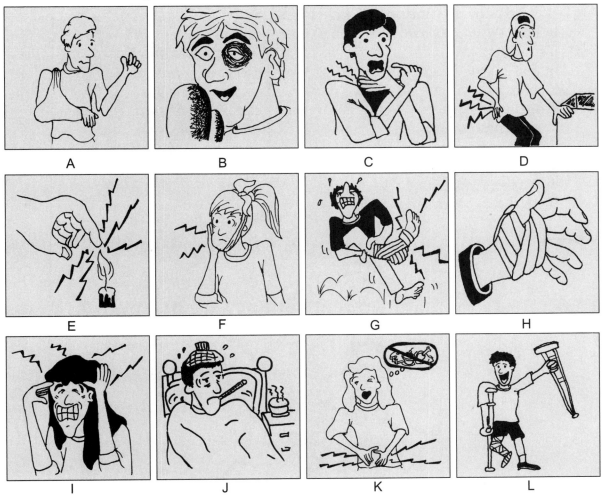

2.   You may wish to play the game of "Simon Says" (*"Simone dice"*).

Simone dice: Tocca la testa.
Simone dice: Tocca il piede.

Play continues until one or more winners is declared.

Write five questions and answers of the **Pratica di conversazione**, letter **A**, and five of letter **B**. Use different parts of the body for each question.

VOCABOLARIO

Il corpo umano   *The human body*

la bocca	*the mouth*	il dente	*the tooth*
il braccio	*the arm*	il naso	*the nose*
la testa	*the head*	l'orecchio	*the ear*
il collo	*the neck*	l'occhio	*the eye*
il dito	*the finger*	i capelli	*the hair*
la schiena	*the back*	il piede	*the foot*
lo stomaco	*the stomach*	la gamba	*the leg*
la gola	*the throat*	la spalla	*the shoulder*
la mano	*the hand*		
tutto il corpo	*the entire body*		

Mi fa male il piede.

Cosa ti fa male?	*What hurts (you)?*	dottore	*doctor*
Cosa Le fa male?	*What hurts (you)?*	dottoressa	*female doctor*
Mi fa male ...	*... hurts (me).*	paziente	*patient*

 *Each student will be able to state what's the matter with each of the following people and why each of them isn't going to school or work*

■**PRATICA ORALE**▭▭▭▭▭▭▭▭▭

Cos'ha lui? / Cos'ha lei?

Lui ha la febbre.

Lei ha il raffreddore.

Lui ha
mal di schiena.

Lei ha mal di testa

Lei ha
mal di stomaco.

Lui ha
mal di gola.

■**PRATICA DI CONVERSAZIONE**▭▭▭▭▭

1. One partner asks *Cos'ha lui / lei?* while pointing to each picture A–H. The other partner responds appropriately. Then reverse roles.

2. Each student can change partners for this second **Pratica**. While pointing to each picture A–H one partner asks *Perché non va (lui, lei) a scuola?* or *Perché non va (lui, lei) al lavoro?* The other partner responds appropriately. Then reverse roles so that each partner can ask and answer all the questions.

Examples:

Giuseppe: Perché non va a scuola lei?
Anna: (Lei) non va a scuola perché ha mal di stomaco.

Elena: Perché non va al lavoro lui?
Paolo: (Lui) non va al lavoro perché ha il raffreddore.

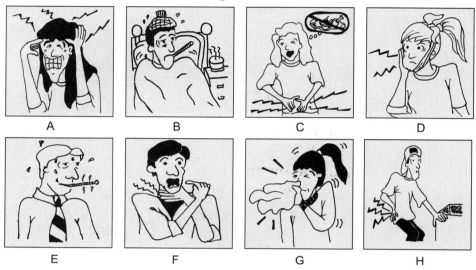

PRATICA DI CONVERSAZIONE

You will hear a few statements indicating that something is the matter with each of the following people. Refer to pictures A–H in the **Pratica di conversazione** above. After the second repetition, choose the picture that corresponds to what you hear. Write only the letter.

Perché non va al lavoro lui?

PRATICA SCRITTA

1. Write both the questions and the answers to the **Pratica di conversazione**, number 2.

2. Complete each sentence by choosing an appropriate expression of health.

1. La signora D'Angelo prende un'aspirina quando ha___.
2. Il signor Dalmazio riposa nel letto quando ha ___.
3. La signorina Radogna prende un "Alka-Seltzer" quando ha ___.
4. Teresa parla poco e non canta quando ha___.
5. Carlo va dal medico quando ha ___ molto forte.
6. Mio fratello non va a scuola oggi perché ha ___.
7. Mio padre non va al lavoro oggi perché ha ___.
8. Mia nonna è all'ospedale perché ha ___.
9. Mia sorella non parla al telefono oggi perché ha ___.
10. Il mio amico mangia poco perché ha ___.

VOCABOLARIO

Cos'ha lui?   *What's the matter with him?*
Cos'ha lei?   *What's the matter with her?*
  Lui/Lei ha la febbre.   *He / She has a fever.*
  ... ha il raffreddore.   *...has a cold.*
  ... ha mal di testa.   *...has a headache.*
  ... ha mal di gola.   *... has a sore throat.*
  ... ha mal di schiena.   *... has a backache.*
  ... ha mal di stomaco.   *... has a stomachache.*
  ... ha mal di denti.   *... has a toothache.*

Perché non va (lei/lui) a scuola?   *Why isn't she / he going to school?*
  (Lui/Lei) non va a scuola perché ...   *He / She isn't going to school because ...*

Perché non va (lui/lei) a lavorare?   *Why isn't he / she going to work?*
  (Lui/Lei) non va a lavorare perché ...   *He / She isn't going to work because ...*

riposare nel letto	*to rest in bed*
essere all'ospedale	*to be in the hospital*
andare dal medico	*to go to the doctor*
Lui/Lei va ...	*He / She goes ...*
prendere aspirina	*to take aspirin*

Each student will be able to ask a peer and an adult questions related to health and be able to respond

PRATICA ORALE

A. *Giuseppe saluta Teresa.*
  1. **Giuseppe:** Ciao! Come stai?
  2. **Maria:** Sto molto bene. E tu?
  3. **Giuseppe:** Sto male.
  4. **Maria:** Cos'hai?
  5. **Giuseppe:** Ho mal di testa.

B. *Maria fa una telefonata a Giovanni.*
  1. **Giovanni:** Pronto! Chi parla?
  2. **Anna:** Sono io, Anna. Come va?
  3. **Giovanni:** Non tanto bene.
  4. **Maria:** Cos'hai?
  5. **Giovanni:** Sono ammalato. Ho la febbre.
  6. **Maria:** Mi dispiace. Ti auguro una pronta guarigione!
  7. **Giovanni:** Grazie. E tu, come stai?
  8. **Maria:** Non c'è male.

C. *La sig.ra Petrucci saluta il sig. Mazzeo.*
  1. **Sig.ra Petrucci:** Buon giorno Signor Mazzeo. Come sta?
  2. **Sig. Mazzeo:** Sono un po' stanco. E Lei?
  3. **Sig.ra Petrucci:** Ho mal di gola e mal di stomaco.
  4. **Sig. Mazzeo:** Perché non va a casa?
  5. **Sig.ra Petrucci:** Ottima idea. Vado a casa subito.

D. *Carlo saluta la professoressa.*
  1. **Carlo:** Buona sera, Signora Savoretti. Come sta?
  2. **Sig.ra Savoretti:** Non tanto bene.
  3. **Carlo:** Cos'ha?
  4. **Sig.ra Savoretti:** Sono molto stanca ed ho un cattivo raffreddore.
  5. **Carlo:** Mi dispiace. Le auguro una pronta guarigione!
  6. **Sig.ra Savoretti:** Grazie. E tu, come stai?
  7. **Carlo:** Sono un po' stanco, ma mi sento bene.

PRATICA DI CONVERSAZIONE

1. Partners take turns playing the roles of the **Pratica orale**.
2. One partner asks the other the following health-related questions. Then the second partner asks the first the same questions but this time treats him/her as an adult.

1. Come stai?
2. Stai bene?
3. Sei stanco(a)?
4. Sei ammalato(a)?
5. Hai il raffreddore?

6. Hai la febbre?
7. Hai mal di testa?
8. Hai mal di gola?
9. Hai mal di stomaco?
10. Hai mal di schiena?

PRATICA SCRITTA

Write the questions and answers of **Pratica di conversazione**, number 2, 1–10.

RIASSUNTO

One or two pairs of students can play the roles for the entire class followed by peer practice.

A

Venerdì Paolo fa una telefonata a Gina.

1. **Gina:** Pronto! Chi parla?

2. **Paolo:** Sono io, Paolo. Vai alla festa sabato?

3. **Gina:** No, io non _____ alla festa. Non mi sento bene.

4. **Paolo:** _____?

5. **Gina:** Ho il raffreddore ed il mal di _____ .

6. **Paolo:** Mi dispiace. _____!

7. **Gina:** Grazie.

8. **Paolo:** Arrivederci.

9. **Gina:** _____ .

B

Il Sig. Verga saluta la Sig.ra Rausa al lavoro lunedì.

1. **Sig. Verga:** Buon giorno, Signora Rausa. _____?

2. **Sig.ra Rausa:** Non molto bene.

3. **Sig Verga:** _____?

4. **Sig.ra Rausa:** Ho il raffreddore e mi fa male _____ .

5. **Sig. Verga:** Perché non va dal medico?

6. **Sig.ra Rausa:** Buon'idea. _____ dal medico domani.

7. **Sig. Verga:** _____ , Signora Rausa.

8. **Sig.ra Rausa:** Mille grazie, Signor Verga.

9. **Sig. Verga:** ArrivederLa, Signora Rausa.

ATTIVITÀ

Write both roles in dialogue form, giving each person a name. Then take turns playing the roles. Use either gender as desired.

1. You meet one of your teachers between classes in the morning. Greet him and ask him how he is. The teacher responds that he is very tired and has a sore throat. You then state that you're sorry and that you hope he feels better soon. The teacher thanks you.

2. You see a good friend after classes. Greet her and find out how she is. She tells you that she isn't going to the party because of a bad cold. You then state that you're sorry and that you hope that she feels better soon. She thanks you.

3. You meet one of your friends between classes. You tell your friend that you don't feel well and that your entire body hurts you. He asks you "Why don't you go to the doctor after school?" You respond "That's a good idea." Your friend says goodbye and that he is going home now.

4. You're in the doctor's office. It's afternoon. Greet the doctor. Ask him how he is. He responds "very well" and then asks you "What's the matter?" You tell him that you have a cold and a stomach ache and that your entire body hurts you. The doctor takes your temperature and tells you that you have a fever. You say "I'm not going to school tomorrow!"

VOCABOLARIO

salutare   *to greet*
Cos'hai? / Cos'ha Lei?   *What's the matter with you?*
   Ho ...   *I have ...*
Hai ...?   *Do you have ...?*   Ha ...?   *Do you have ...?*
   Ho ...   *I have ...*   Non ho ...   *I don't have ...*
Mi dispiace.   *I'm sorry.*
   Ti auguro una pronta guarigione!
   Le auguro una pronta guarigione!   *I wish you a speedy recovery!*
fare una telefonata   *to make a phone call*
   Pronto!   *Hello! (used when speaking on the telephone)*
   Chi parla?   *Who's speaking?*
     Sono io, ...   *It's me, ...*
Perché non vai ...?   *Why don't you go ...?*
Perché non va Lei ...?   *Why don't you go ...?*
   Vado ... *I'm going to ...*   Non vado ...   *I'm not going to ...*
Ottima idea. / Buon'idea.   *Great idea.*   subito   *right away, quickly*

RIPASSO DI   VOCABOLARIO

Come stai / Come va?   *How are you?*
Come sta Lei?   *How are you?*
Stai ...? / Sta ... Lei?   *Are you ...?*
   Non sto ...   *I'm (not) ...*
   Sto bene.   *I'm well (fine).*
   Sto male.   *I'm sick.*
   Non c'è male.   *Not too bad.*
   Non molto bene.   *Not very well.*
   Non tanto bene.   *Not so well.*
   (Non) mi sento bene.   *I (don't) feel well.*

Sei ...? / È ... Lei?   *Are you ...?*
(Non) sono ...   *I'm not ...*
Sono stanco(a).   *I'm tired.*
Sono ammalato(a).   *I'm sick.*

NOTA CULTURALE

Since Roman times, mineral water and mud baths that bubble from Italian springs were thought to have the power of healing. Many of these springs are of volcanic origin. Italians take their health very seriously, therefore rest and recreation are an important part of their lives. Many spas throughout Italy have been made into fashionable resorts. Some of the best known are *Salsomaggiore* in Emilia Romagna, *Abano* and *Montegrotto* in Veneto, *Fiuggi in Lazio* near Rome and *Montecatini* in Toscana.

Aim 2a *Each student will be able to ask a peer and adult if s/he likes to play a particular sport and be able to respond*

PRATICA ORALE **1**

Gli sport

il baseball   la pallacanestro   il calcio   il pattinare su ghiacchio

il tennis   la pallavolo   il golf   l'hockey

andare in bicicletta   sciare   nuotare   correre

PRATICA ORALE 2

1. **Carmela:** Ti piace giocare la pallacanestro?
   Pietro: Sì, mi piace giocare la pallacanestro.

2. **Carlo:** Ti piace pattinare su ghiaccio?
   Marisa: No, non mi piace pattinare su ghiaccio.

3. **Giulio:** Le piace giocare a golf?
   Sig. Taratunio: Sì, mi piace giocare a golf.

PRATICA DI CONVERSAZIONE

One partner asks the **A** column questions and the other asks the **B** column. Then reverse roles.

A	**B**
1. Ti piace giocare a pallavolo?	8. Le piace giocare a golf?
2. Ti piace giocare a baseball?	9. Le piace giocare a hockey?
3. Ti piace giocare a tennis?	10. Le piace giocare a football?
4. Ti piace giocare a pallacanestro?	11. Le piace giocare a bocce?
5. Ti piace giocare a calcio?	12. Le piace nuotare?
6. Ti piace andare in bicicletta?	13. Le piace pattinare su ghiaccio?
7. Ti piace correre?	14. Le piace sciare?

Ti piace giocare a calcio?

PRATICA SCRITTA

Write the questions and answers of the **Pratica di conversazione**, numbers 1–14.

Each student will be able to ask a peer and adult "What sports do you play?" and be able to respond

━━━━ **PRATICA ORALE** ━━━━━━━━━━━━

1. **Rosa:** A quali sport giochi?
   Maria: Gioco a pallavolo
      ed a tennis e pattino molto.

2. **Giuseppe:** A quali sport giochi?
   Giovanni: Gioco a hockey
      e a pallacanestro.

3. **Anna:** A quali sport gioca Lei?
   Sig. Ricci: Gioco a golf
      e a calcio.

4. **Sig. Mazzeo:** A quali sport
      gioca Lei?
   Sig. Esposito: Gioco a bocce,
      e nuoto e corro molto.

━━━━ **PRATICA DI CONVERSAZIONE** ━━━━━━━

1. Ask two classmates near you *"A quali sport giochi?"*
2a. Ask your peer partner if s/he plays the following sports:
      Giochi a ...?
      a. pallavolo   b. calcio   c. hockey   d. baseball
2b. Now ask an adult if s/he plays the following sports:
      Gioca a ... Lei?
      a. golf   b. calcio   c. pallacanestro   d. tennis

━━━━ **ATTIVITÀ** ━━━━━━━━━━━━━━━━━

On the first day of classes you meet an exchange student from Italy. He asks you what sports are played during each season in the United States. You respond. Name at least two sports played during each season.

Example A. *A quali sport giocate in primavera?*
   He also asks you what sports you watch on television.
Example B. *Quali sport guardi alla televisione?*
   You then ask him what sports do they play in Italy.
Example C. *A quali sport giocano in Italia?*

NOTA CULTURALE

Sports are very popular in Italy. The national sport of Italy is soccer, called *calcio*. Italians enthusiastically support the team of their choice. Teams are divided into separate categories called *serie*. The best teams belong to *Serie A*.

Another very popular sport is cycling. Each year a cross-country race called *Il Giro d'Italia* is held in the month of May. This race takes almost a month to complete.

Examine the sports pages of a newspaper from Italy to see which sports are followed by the people. You might buy an Italian language newspaper printed in this country to see what sports hold the interest of the Italian-speaking population in the United States.

VOCABOLARIO

gli sport   *sports*

la pallacanestro *basketball*

il baseball   *baseball*

il football americano   *football*

l'hockey   *hockey*

il calcio   *soccer*

il golf   *golf*

il bowling   *bowling*

il tennis   *tennis*

la pallavolo   *volleyball*

sciare   *to ski*

correre   *to run*

le bocce   Italian bowling

nuotare   *to swim*

pattinare   *to skate*

  pattinare su ghiaccio   *to iceskate*

andare in bicicletta   *to ride a bicycle*

Ti piace giocare a ...?   *Do you like to play ...?*

Le piace giocare a ...?   *Do you like to play ...?*

  Sì, mi piace giocare a ...   *Yes, I like to play ...*

  No, non mi piace giocare a ...   *No, I don't like to play ...*

A quali sport giochi?   *What sports do you play?*

A quali sport gioca Lei?   *What sports do you play?*

  Gioco a ...   *I play ...*

 *Each student will be able to read with comprehension a dialogue between two teenagers who meet in Italy*

LETTURA: PARTE I

Anna, la ragazza americana, si incontra con Giuseppe, il ragazzo italiano, in una discoteca a Roma dove vanno molti giovani della loro età. Sono le otto e comincia la musica.

1. **Giuseppe:** Ciao Anna! Come va?

2. **Anna:** Molto bene. E tu?

3. **Giuseppe:** Bene. Che piacere vederti!

4. **Anna:** Anche per me.

5. **Giuseppe:** Ti piace la musica?

6. **Anna:** Sì, mi piace molto.

7. **Giuseppe:** Ti piacerebbe ballare?

8. **Anna:** Sì, mi piacerebbe.

9. **Giuseppe:** Tu balli molto bene.

10. **Anna:** Grazie. Mi piace ballare. Negli Stati Uniti vado spesso in discoteca.

11. **Giuseppe:** Con chi vai?

12. **Anna:** Qualche volta esco con le mie amiche e se ho un appuntamento con un ragazzo, esco con lui.

13. **Giuseppe:** Qui in Italia noi giovani andiamo al caffè, al cinema e alle discoteche o facciamo una passeggiata in gruppi di amici.

14. **Anna:** Mi piace questa usanza.

15. **Giuseppe:** E cosa fai durante il weekend?

16. **Anna:** Bene, il sabato mattina gioco a tennis; nel pomeriggio vado ai negozi; e la sera esco con le mie amiche o con un ragazzo.

❑ *Comprensione della lettura: Vero o Falso*

If the statement is true write *Vero* and copy the statement. If the statement is false, write *Falso* and rewrite the entire statement, **correcting the bold portion.**

1. Sono **le dieci** il sabato sera.
2. I due giovani si incontrano in **una biblioteca**.
3. Giuseppe sta **male**.
4. Ad Anna piace molto **la musica**.
5. Anna **non balla bene**.
6. Anna **non va spesso** alle discoteche.
7. **Qualche volta** lei ha un appuntamento con un ragazzo.
8. Il sabato mattina lei gioca a **pallavolo**.
9. Il sabato pomeriggio lei **va ai negozi**.
10. **La domenica** sera lei esce con le sue amiche.

NOTA CULTURALE

There are differences and similarities in the way teenagers spend their leisure time in the United States and Italy. State one difference and one similarity as revealed in the dialogue. Indicate one difference in dating customs between American and Italian teenagers. Anna likes the Italian custom of teenage dating. Do you?

Italian teenagers always have a feeling of belonging. One does not need a date in order to go out. They usually do not go out in couples, rather just as groups of friends. Teenagers love to converse, especially about politics. Much leisure time is spent in places that allow them to gather and chat, such as *caffès* or *piazzas* (town squares). A leisurely stroll is commonplace.

❑ *Vocabolario della lettura:*

la discoteca *discotheque*	qualche volta *sometimes*
il caffè *café*	molte volte *many times*
i giovani *young people, teenagers*	spesso *often*
della sua età *of his/her age*	poco *few times*
della loro età *of their age*	

mattina   *morning*
pomeriggio   *afternoon*
sera   *evening*
il lunedì mattina   *Monday mornings*
il giovedì pomeriggio
   Thursday afternoons
la domenica sera   *Sunday evenings*

i giorni della settimana: lunedì, martedì, mercoledì,
   giovedì, venerdì, sabato, domenica

3. Che piacere vederti!   *How happy I am to see you!*
   Anche per me.   *For me too.*

5. Ti piace ...?   *Do you like to ...?*
   Sì, mi piace ...   *Yes, I like to ...*
   No, non mi piace ...   *No, I don't like to ...*

7. Ti piacerebbe ...?   *Would you like to ...?*
   Sì, mi piacerebbe...   *Yes, I would like to ...*
   No, non mi piacerebbe ...   *No, I wouldn't like to ...*

11. Con chi vai?   *With whom do you go?*
   Vado con ...   *I go with ...*
   Vado da solo(a).   *I go alone.*

12. Se ho un appuntamento   *If I have a date*
   Hai un appuntamento con...?   *Do you have a date with...?*
   Sì, ho un appuntamento con ...   *Yes, I have a date with ...*
   No, non ho un appuntamento.   *No, I don't have a date.*
   uscire: noi usciamo ...   *to go out: we go out ...*
   Esci con i tuoi amici?   *Do you go out with your friends?*
   Sì, io esco con i miei amici.   *Yes, I go out with my friends.*
   Esco con un ragazzo.   *I go out with a young man.*

13. in gruppi di amici   *in groups of friends*
   fare una passeggiata   *to go for a walk*
   Faccio una passeggiata.   *I go for a walk.*
   Facciamo una passeggiata.   *We go for a walk.*

14. l'usanza / l'abitudine ...   *custom:* questa usanza   *this custom*

15. Cosa fai durante il weekend (fine settimana)?
   What do you do during the weekend?

16. andare ai negozi   *to go shopping*
   Vai ai negozi?   *Do you go shopping?*
   Vado ai negozi.   *I go shopping.*
   Non vado ai negozi.   *I don't go shopping.*

LETTURA: PARTE II

17. **Anna:** La domenica mattina vado in chiesa; nel pomeriggio vado al parco con le mie amiche e la sera faccio i miei compiti. E tu, cosa fai durante il weekend?

18. **Giuseppe:** Allora, il sabato mattina gioco a calcio; nel pomeriggio esco con i miei amici e molte volte andiamo al cinema. La domenica faccio molte cose diverse.

19. **Anna:** Partecipi a qualche attività dopo scuola?

20. **Giuseppe:** No, non partecipo a nessuna attività dopo scuola.

21. **Anna:** Perché no?

22. **Giuseppe:** Non ci sono attività dopo scuola. Dopo le lezioni esco con i miei amici a fare una passeggiata ed a prendere qualcosa da bere al caffè. E tu, Anna?

23. **Anna:** Io non posso partecipare a nessuna attività.

24. **Giuseppe:** Perché non puoi?

25. **Anna:** Perché non ho tempo ora. Dopo scuola lavoro in un supermercato. L'anno prossimo voglio partecipare al circolo di recite.

❏ *Comprensione della lettura:*

Answer the following questions with complete sentences in Italian.

11. Dove va Anna la domenica pomeriggio?
12. A quale sport gioca Giuseppe il sabato mattina?
13. Con chi va al cinema Giuseppe?
14. Perché non può partecipare Anna in nessuna attività?
15. Dove lavora Anna dopo scuola?
16. Quando vuole partecipare Anna al circolo di recite?

❏ *Vocabolario della lettura:*

Dove vai ...? / Dove va Lei...?	*Where do you go ...?/... are you going?*
il cinema *movie theater*	Vado al cinema.
la scuola estiva	Vado a scuola.
summer school	Vado alla scuola estiva.
la chiesa *church*	Vado in chiesa.
il parco *park*	Vado al parco.
il mare *beach*	Vado al mare.
il posto *place*	Allora ... *Well ...*
Non vado a nessun posto.	*I don't go anyplace.*

17. Cosa fai durante il weekend?
    What do you do during the weekend?
18. Faccio molte cose diverse. *I do many different things.*
22.   Esco con i miei amici ...   *I go out with my friends ...*
         a prendere qualcosa da bere   *to have something to drink*
         a fare una passeggiata   *to take a walk*

19. Partecipi a qualche attività dopo scuola?
    Do you participate in any activity after classes?
    Sì, partecipo al/alla....   *I participate in / on the ...*
    squadra di pallavolo   *volleyball team*
    squadra di pallacanestro   *basketball team*
    circolo di recite   *drama club*
    circolo italiano   *Italian club*
    No, non partecipo a nessuna attività.
    I don't participate in any activity.

23. Non posso partecipare ...   *I can't participate ...*
    Ci sono poche attività.   *There are few activities.*
    Ci sono molte attività.   *There are many activities.*

24.   Perché non puoi?   *Why can't you?*
         Perché non ho tempo **ora**.   *Because I don't have time **now**.*
         Lavoro in un supermercato.   *I work in a supermarket.*
25.   Voglio partecipare al/alla ...   *I want to participate in / on ...*

potere	***to be able, can*** *(irregular)*
io **posso**	noi **possiamo**
tu **puoi**	voi potete
Lei **può**	Loro **possono**
lui **può**	loro **possono**
lei **può**	loro **possono**

volere	***to want*** *(irregular)*
io **voglio**	noi **vogliamo**
tu **vuoi**	voi volete
Lei **vuole**	Loro **vogliono**
lui **vuole**	loro **vogliono**
lei **vuole**	loro **vogliono**

26. **Anna:** Dove vai durante le vacanze estive?
27. **Giuseppe:** D'estate vado al mare con la mia famiglia per un mese. E tu, dove vai?
28. **Anna:** Generalmente non vado in nessun posto. Lavoro in un supermercato e vado alla scuola estiva.
29. **Giuseppe:** Perché lavori tanto?
30. **Anna:** Lavoro perché ho bisogno di soldi per frequentare l'università.
31. **Giuseppe:** Sabato prossimo vado al cinema con un gruppo di amici. Vuoi venire con noi?
32. **Anna:** Sì, mi piacerebbe. Quale film vediamo?
33. **Giuseppe:** Non so ancora. A Roma ci sono molti cinema. Come ti pare se ti chiamo la settimana prossima?
34. **Anna:** Va bene. Ecco il mio numero telefonico.

❏ *Comprensione della lettura:*

Answer the following questions with complete sentences in Italian.

17. Con chi va al mare Giuseppe?
18. Dove lavora Anna d'estate?
19. Dove va Anna durante le vacanze estive?
20. Perché lavora tanto lei?
21. Vuole andare al cinema Anna con Giuseppe ed i suoi amici?
22. Quando telefona Giuseppe ad Anna?

Lavoro durante le vacanze estive.

❏ *Vocabolario della lettura:*

26. Dove vai durante le vacanze estive?
    Where do you go during summer vacation?
29. Perché lavori **tanto?**   *Why do you work **so much?***
    Ho bisogno di soldi ...   *I need money ...*
        per frequentare l'università   *to attend college*
    Quando?   *When...?*
        l'anno prossimo / l'anno che viene   *next year*
        sabato prossimo   *next Saturday*
        la settimana prossima   *next week*
31. Vuoi venire con noi?   *Do you want to come with us?*
    Voglio venire. / Non voglio venire.
            I want to come. / I don't want to come.
32. Quale film vediamo?   *What movie are we seeing?*   vedere   *to see*
    Non so **ancora**.   *I **don't** know **yet**.*
33. Come ti pare se ti chiamo ...?   *What do you think if I call you ...?*
    Va bene.   *Okay.*
Ecco ...   *Here is ...*

NOTA CULTURALE

The school day in most parts of Italy is much shorter than ours. Classes begin between 8:00 A.M. and 9:00 A.M. and end at 1:00 p.m. After classes Italian teenagers go home to eat their main meal of the day called the *pranzo.* Many of them take a rest after their meals and afterwards go downtown to get together with their friends. There are no extracurricular activities offered in Italian schools.

Italian teenagers usually do not entertain their friends at home. They meet their friends at the local *caffè,* in the park *(il parco),* or just in the street where they take their daily walk called *la passeggiata.*

Giuseppe doesn't understand why Anna works so much. In Italy many teenagers do not work. Instead of working during the summer, many Italian teenagers travel to other European countries to study the different cultures and languages.

Each student will be able to ask a peer questions about his / her extracurricular activities after school, leisure activities during the weekend and the summer vacation, and be able to respond

PRATICA DI CONVERSAZIONE

Partners take turns asking one another the following questions about their leisure time activities.

1. a. Partecipi in qualche attività dopo scuola?
    b. Qual è?
    c. Se no, perché no?

2. Cosa fai dopo scuola?

3. Cosa fai durante il weekend?

4. a. Dove vai durante le vacanze estive?
    b. Con chi vai?

5. a. Quando esci con i tuoi amici?
    b. Quando esci con le tue amiche?

6. a. Ti piace andare al cinema?
    b. Ti piacerebbe andare al cinema la settimana prossima?
    c. Quale film ti piacerebbe vedere?

7. a. Ti piace ballare?
    b. Vuoi andare alla discoteca sabato prossimo?
    c. Con chi vuoi andare?

8. a. Ci sono molti cinema dove abiti?
    b. Ti piace di più andare al cinema o in discoteca?
    c. Perché?

9. a. A quali sport giochi?
    b. Qual è il tuo sport preferito?

═══════ **PRATICA SCRITTA** ═══════

Write the questions and answers of the **Pratica di conversazione**, numbers 1–9.

═══════ **ATTIVITÀ** ═══════

A. Preparation:

Think about when you do your leisure activities and complete numbers 1–4 below. An activity can be placed in more than one category.

B. Reporting out:

Students form groups of three or four. Each person in the group (one at a time) states two or three activities s/he does at these times.

1. Dopo le lezioni in scuola io ...
2. Dopo scuola io ...
3. Durante le vacanze estive io ...
4. Durante il weekend:
   a. Il sabato mattina io ...
   b. Il sabato dopo pranzo io ...
   c. Il sabato sera io ...
   d. La domenica mattina io ...
   e. La domenica dopo pranzo io ...
   f. La domenica sera io ...

Durante le vacanze estive io vado in bicicletta.

IL CIBO E LE BEVANDE

IN UN RISTORANTE

□ **Topic**
Food and drink • In a restaurant

□ **Situation**
Interaction with individual peers and adults

□ **Function**
Introducing one friend to another
Expressing personal feelings and preferences about food,
  drink and meals
Suggesting a course of action, thanking, apologizing

□ **Proficiency**
Can comprehend simple statements and questions and can
  respond appropriately with possible need for repetition
Can read a menu and be able to order a meal

☐ **AIM 1**

Each student will be able to identify foods in several categories and be able to state if s/he likes or doesn't like each one: meat, fish and chicken, fruits and vegetables, and other common foods and desserts, drinks

☐ **AIM 2**

Each student will be able to identify the three meals of a typical day in the United States and be able to ask a peer and an adult what s/he eats and drinks for each of these meals

☐ **AIM 3**

Each student will be able to ask a peer and an adult at what time s/he eats a particular meal

☐ **AIM 4**

Each student will be able to ask a peer and an adult questions related to foods, drinks and meal-taking

☐ **AIM 5**

Each student will be able to identify the items needed to set the table and be able to indicate that one or more are missing from a particular place setting

☐ **AIM 6A**

Each student will be able to read the dialogue *"È l'ora del pranzo"* and demonstrate comprehension by answering a series of true-false questions

☐ **AIM 6B**

Each student will be able to read the dialogue *"In un ristorante"* and demonstrate comprehension by answering a series of true-false questions

☐ **AIM 7**

Given a menu of an Italian restaurant, each student will be able to order a meal, express satisfaction or dissatisfaction with the meal and ask for the bill

☐ **AIM 8**

Each student will be able to state numbers 100–20,000 to be able to read the cost of foods on an Italian menu

Each student will be able to identify the following foods in the category of meat, fish and chicken and be able to state if he / she likes or doesn't like each one

Aim 1a

■**PRATICA ORALE 1**■

La carne, il pesce ed il pollo

il pollo	il pesce	il roast beef/la carne
la costoletta di maiale	il prosciutto	il wurstel
l'hamburger	l'agnello	il vitello
	la bistecca	

■**PRATICA ORALE 2**■

1. **Tommaso:** Ti piace il pollo?
   Elena: Sì, mi piace il pollo.

2. **Carmela:** Le piace la bistecca?
   Sig. Verdi: No, non mi piace la bistecca.

PRATICA DI CONVERSAZIONE 1

1. Ti piace il pesce?

2. Ti piace il pollo?

3. Ti piace il roast beef?

4. Ti piace il prosciutto?

5. Ti piace la bistecca?

6. Le piace l'hamburger?

7. Le piace la costoletta di maiale?

8. Le piace il wurstel?

9. Le piace il vitello?

10. Le piace l'agnello?

PRATICA ORALE 3

1. **Anna:** Ti piace di più la carne o il pollo?

   Giuseppe: Mi piace di più il pollo.

2. **Giovanni:** Le piace di più il prosciutto o l'hamburger?

   Sig. Bertini: Mi piace di più il prosciutto.

PRATICA DI CONVERSAZIONE 2

1. Ti piace di più la bistecca o il wurstel?

2. Ti piace di più la costoletta di maiale o il roast beef?

3. Ti piace di più il pollo o l'agnello?

4. Ti piace di più il vitello o l'hamburger?

5. Le piace di più il prosciutto o il pesce?

6. Le piace di più il pollo fritto o il pollo arrosto?

7. Le piace di più la bistecca ben cotta o la bistecca poco cotta?

8. Le piace di più il vitello arrosto o la carne all'umido?

PRATICA SCRITTA

Write and answer the questions of the **Pratica di conversazione 1**, numbers 1–10, and the **Pratica di conversazione 2**, numbers 1–8.

VOCABOLARIO

La carne   *meat*

la bistecca   *steak*
il maiale   *pork*
   la costoletta di maiale
      pork chop
l'agnello   *lamb*
l'hamburger   *hamburger*
il prosciutto   *ham*
il wurstel   *hot dog*
il roast beef   *roast beef*
il vitello   *veal*

il pesce   *fish*
il pollo   *chicken*
al forno   *baked*
arrosto(a)   *roasted*
ben cotto(a)   *well done*
fritto(a)   *fried*
poco cotto(a)   *rare*
all'umido / in salsa
   in a sauce (stewed)

Ti piace? / Le piace?   *Do you like...?*
   Mi piace ...   *I like ...;*   Non mi piace ...   *I don't like ...*
(Quale) ti piace di più ... o ...? / (Quale) Le piace di più, ... o ...?
   What do you like more, ... or ...?
   Mi piace di più...   *I like ... more.*
   Non mi piace né ... né...   *I don't like either ... or ...*

RIASSUNTO

❑ *Pratica di comprensione*
   You will hear five foods of the group comprising meat, fish and chicken. After the second repetition, choose the picture, by letter, that corresponds to what you hear.

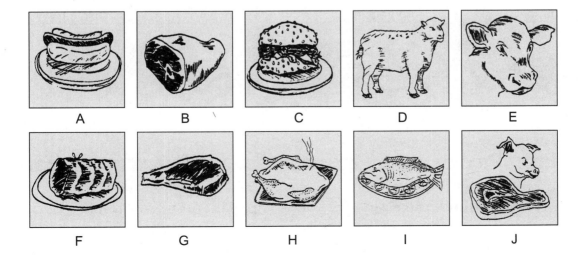

A   B   C   D   E

F   G   H   I   J

PRATICA DI CONVERSAZIONE

Each partner asks the other if s/he likes to eat the foods represented by the pictures of the **Pratica di comprensione**. Partners take turns asking the questions. ***Examples:***

1. **Giulio:** Ti piace
   il prosciutto?
   Maria: Sì, mi piace
   il prosciutto.

2. **Giulia:** Ti piace
   il pollo?
   Giovanni: No, non mi piace
   il pollo.

Aim 1b

Each student will be able to identify the following foods in the category of fruits and vegetables and be able to state if s/he likes or doesn't like each one

PRATICA ORALE 1

La frutta e la verdura

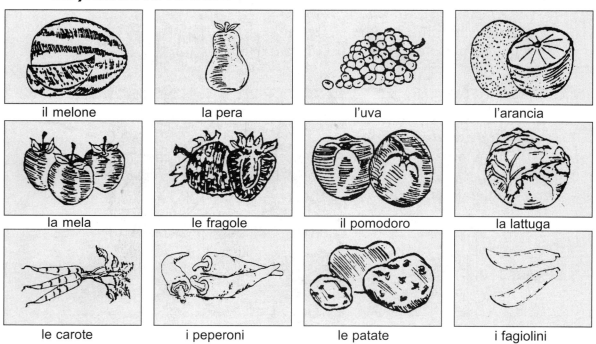

il melone	la pera	l'uva	l'arancia
la mela	le fragole	il pomodoro	la lattuga
le carote	i peperoni	le patate	i fagiolini

PRATICA ORALE 2

1. **Antonio:** Preferisci
   le pere o le mele?
   Teresa: Preferisco le mele.

2. **Maria:** Preferisce Lei
   la lattuga o i pomodori?
   Sig. Ricci: Preferisco la lattuga.

PRATICA DI CONVERSAZIONE 1

1. Ti piacciono le mele?
2. Ti piacciono le pere?
3. Ti piacciono le arance?
4. Ti piace il melone?
5. Ti piacciono le fragole?
6. Ti piace l'uva?

7. Le piacciono le carote?
8. Le piacciono le patate?
9. Le piacciono i pomodori?
10. Le piace la lattuga?
11. Le piacciono i peperoni?
12. Le piacciono i fagiolini?

PRATICA DI CONVERSAZIONE 2

1. Preferisci il melone
   o le arancie?
2. Preferisci l'uva
   o le fragole?
3. Preferisci le pere
   o le mele?

4. Preferisce Lei la lattuga
   o le carote?
5. Preferisce Lei
   i peperoni o i pomodori?
6. Preferisce Lei le patate
   o i fagiolini?

PRATICA SCRITTA

1. Write and answer the questions of the **Pratica di conversazione 1**, numbers 1–12 and **Pratica di conversazione 2**, numbers 2, 4, and 6.

2. a. Qual'è la tua frutta preferita? / Qual'è la Sua frutta preferita?

   b. Quali sono i tuoi cibi preferiti? / Quali sono i Suoi cibi preferiti?

   c. Qual'è la tua verdura preferita? / Qual'è la Sua verdura preferita?

VOCABOLARIO

la frutta   *fruits*

la fragola   *strawberry*
la mela   *apple*
il melone   *melon*
l'arancia   *orange*
la pera   *pear*
l'uva   *grapes*

la verdura   *vegetables*

i fagiolini   *string beans*
la lattuga   *lettuce*
i peperoni   *peppers*
la patata   *potato*
il pomodoro   *tomato*
la carota   *carrot*

Ti (Le) piacciono ...?*(pl)*   Do you like ...?
   Non (mi) piacciono ...*(pl)*   *I (don't) like ...*
Preferisci ... o ...? / Preferisce Lei ... o ...?   *Do you prefer ... or ...?*
   Preferisco ...   *I prefer ...*

RIASSUNTO

❑ *Pratica di comprensione:*

You will hear five foods of the group comprising fruits and vegetables. After the second repetition, choose the picture, by letter, that corresponds to what you hear.

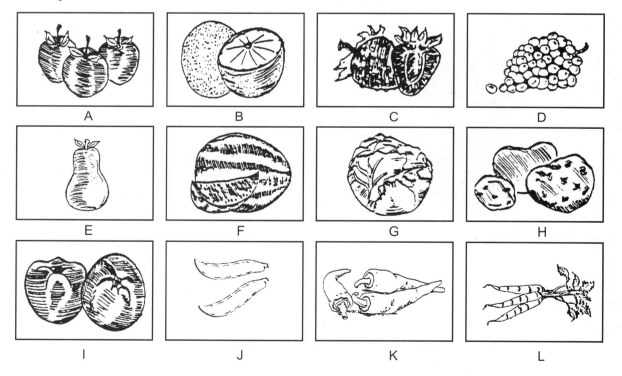

A   B   C   D

E   F   G   H

I   J   K   L

 **Aim 1c**

Each student will be able to identify the following foods in the categories of other common foods and desserts

PRATICA ORALE 1

Altri cibi comuni

la minestra / la zuppa

l'insalata

il panino

il formaggio

le uova

i cereali

il pane

il burro

PRATICA ORALE 2

I dolci / I dessert

la crostata

la torta

la frutta

il gelato

il budino

PRATICA DI CONVERSAZIONE 1

1. Ti piace la frutta?
2. Ti piace l'insalata?
3. Ti piace la minestra di verdura?
4. Ti piace il pane con il burro?
5. Ti piace la crostata di mele?
6. Ti piacciono le uova?

7. Le piace il formaggio?
8. Le piace il budino?
9. Le piace il gelato?
10. Le piace la torta?
11. Le piace il panino al prosciutto?
12. Le piacciono i cereali?

PRATICA DI CONVERSAZIONE 2

1. Quale ti piace di più, il brodo di pollo o la zuppa di pesce?

2. Quale ti piace di più, il gelato al cioccolato o alla vaniglia?

3. Quale ti piace di più, il gelato alle fragole o la frutta?

4. Quale ti piace di più, il panino al formaggio o il panino al tonno?

5. Le piacciono di più i cereali o le uova fritte?

6. Le piace di più la frutta o la crostata di mele?

7. Le piacciono di più le patate fritte o l'insalata?

8. Le piace di più il pane con il burro o il pane con la marmellata?

PRATICA SCRITTA

1. Write and answer questions of the **Pratica di conversazione 2**.
2. a. Qual'è il tuo cibo preferito? / Qual'è il Suo cibo preferito?
   b. Qual'è la tua minestra preferita? / Qual'è la Sua minestra preferita?
   c. Qual'è il tuo dolce preferito? / Qual'è il Suo dolce preferito?

VOCABOLARIO

altri cibi comuni   *other common foods*

il tonno   *tunafish*
i cereali   *cereal*
l'insalata   *salad*
le uova   *eggs*
la marmellata   *jam*
il burro   *butter*
il pane   *bread*
il formaggio   *cheese*
il panino   *sandwich*
la zuppa   *soup*
la minestra di verdura
   vegetable soup
il brodo   *broth*

i dolci/i dessert   *desserts*

la torta   *cake*
il gelato   *ice cream*
la crostata   *pie*
il budino   *pudding*

RIASSUNTO

❑ *Pratica di comprensione*

You will hear five foods of the group comprising other common foods and desserts. After the second repetition, choose the picture, by letter, that corresponds to what you hear.

❑ *Pratica di conversazione*

Each partner asks the other if s/he likes to eat the foods represented by pictures M–X above. Partners take turns asking the questions.

Examples:

Giovanni: Ti piacciono i cereali?
Sabrina: Sì, mi piacciono i cereali.

Anna: Ti piace il pane?
Giuseppe: No, non mi piace il pane.

Each student will be able to identify the following drinks and be able to state if s/he likes or doesn't like each drink

---

PRATICA ORALE

le bevande

l'acqua

il latte

il succo d'arancia

il tè

la bibita

la cioccolata

il caffè

PRATICA DI CONVERSAZIONE 1

1. Ti piace il caffè?
2. Ti piace il latte?
3. Ti piace la bibita?
4. Ti piace l'acqua?

5. Le piace la cioccolata?
6. Le piace il tè?
7. Le piace il succo d'arancia?

PRATICA DI CONVERSAZIONE 2

1. Quale preferisci, il latte o l'acqua?

2. Quale preferisci, la bibita o il succo d'arancia?

3. Quale preferisci, la cioccolata o il tè?

4. Quale preferisce Lei, il tè o il caffè?

5. Quale preferisce Lei, il succo di pompelmo o il succo di mela?

6. Quale preferisce Lei, l'acqua o una bibita?

===== **PRATICA SCRITTA** =====

1. Write and answer the questions of the **Pratica di conversazione 1**, numbers 1–7, and the **Pratica di conversazione 2**, numbers 1–6.

2. Qual è la tua bevanda preferita? / Qual è la sua bevanda preferita?

===== **VOCABOLARIO** =====

Le bevande   *drinks*

l'acqua   *water*
il caffè   *coffee*
la cioccolata
    hot chocolate
il succo d'arancia / il succo di pompelmo
    orange juice / grapefruit juice

il latte   *milk*
la bibita   *soda, soft drink*
il tè   *tea*

===== **RIASSUNTO** =====

❑ *Pratica di comprensione:*

You will hear the names of four drinks. After the second repetition, choose the picture, by letter, that corresponds to what you hear.

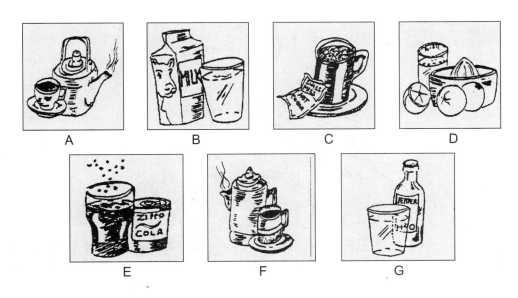

A   B   C   D

E   F   G

❏ *Pratica di conversazione:*

Each partner asks the other if s/he likes to drink the beverage represented by the pictures of the **Pratica di comprensione**. Partners take turns asking the questions. *Examples:*

1. **Marisa:** Ti piace il latte?
   Elena: Sì, mi piace il latte.

2. **Giovanni:** Ti piace il tè?
   Anna: No, non mi piace il tè.

 **Aim 2**   *Each student will be able to identify the three meals of a typical day in the United States*

Each student will be able to ask a peer and an adult what s/he eats and drinks for each meal of the day

■■■■■ **PRATICA ORALE 1** ■■■■■

I tre pasti del giorno negli Stati Uniti

la (prima) colazione

il pranzo / la colazione

la cena

PRATICA ORALE 2

1. **Maria:** Che prendi per prima colazione?
   Enzo: Per prima colazione prendo i cereali e il pane con il burro.
   Maria: E che bevi?
   Enzo: Bevo del latte o della cioccolata.

2. **Maria:** Che prendi per pranzo?
   Enzo: Per pranzo prendo una pizza o un hamburger.
   Maria: E che bevi?
   Enzo: Bevo una bibita.

3. **Maria:** Che prendi per cena?
   Enzo: Per cena prendo una bistecca o del pollo arrosto con patate fritte ed insalata.
   Maria: E che bevi?
   Enzo: Bevo dell'acqua o una bibita.
   Maria: E per dolce?
   Enzo: Una fetta di crostata di mele.

4. **Giovanni:** Che prende Lei per prima colazione?
   Sig.na Ferro: Per prima colazione prendo delle uova e del pane.
   Giovanni: E che beve Lei?
   Sig.na Ferro: Bevo un succo d'arancia e un caffè.

5. **Giovanni:** Che prende Lei per pranzo?
   Sig.na Ferro: Per pranzo prendo una pizza.
   Giovanni: E che beve Lei?
   Sig.na Ferro: Bevo una bibita.

6. **Giovanni:** Che prende Lei per cena?
   Sig.na Ferro: Per cena prendo del pesce al forno.
   Giovanni: E che beve Lei?
   Sig.na Ferro: Bevo dell'acqua minerale.
   Giovanni: E per dolce?
   Sig.na Ferro: Un pezzo di torta.

PRATICA DI CONVERSAZIONE

Use different foods and drinks in your answers for numbers 1–3 and numbers 4–6.

1a. Che prendi per prima colazione?
 b. E che bevi?
2a. Che prendi per pranzo?
 b. E che bevi?
 c. E per dolce?
3a. Che prendi per cena?
 b. E che bevi?

4a. Che prende Lei per prima colazione?
 b. E che beve Lei?
5a. Che prende Lei per pranzo?
 b. E che beve Lei?
 c. E per dolce?
6a. Che prende Lei per cena?
 b. E che beve Lei?

PRATICA SCRITTA

Write and answer the questions of the **Pratica di conversazione**.

VOCABOLARIO

I tre pasti del giorno   *the three meals of the day*
la (prima) colazione   *breakfast*
il pranzo/la colazione   *lunch*
la cena   *supper*
il pasto   *meal*

Che mangi/prendi per...? / Che mangia/prende Lei per...?
   What do you eat for ...?
Per ... mangio/prendo ....   *For ... I eat ....*
   Per prima colazione non mangio niente.
      For breakfast I don't eat anything.
Che bevi? / Che beve Lei?
   What do you drink?
      Bevo ...   *I drink*
per dolce   *for dessert*
un pezzo di   *a piece of* ...   una fetta di ...   *a slice of* ...
la pizza   *pizza*

ATTIVITÀ

La lista ideale di una giornata

1. **Preparation:**
   You have invited an Italian-speaking friend to spend an entire day
with you. Plan *three complete meals* consisting of your favorite foods and drinks
to share with him/her. Draw or bring pictures from magazines of the foods and
drinks you plan to serve. Organize your pictures by meal. Label the name of
each meal but not the individual foods or drinks.
2. **Reporting out:**
   Class members divide themselves into groups of four. Each member of
the group first tells about what s/he and the guest eat for breakfast, lunch and
supper, while pointing to the appropriate pictures. ***Example:***
   a. Per prima colazione prendiamo _____ e beviamo _____.
   b. Per pranzo prendiamo _____ e beviamo _____.
   c. Per cena prendiamo _____ e beviamo _____ e per dolce _____.

Aim 3 *Each student will be able to ask a peer and an adult at what time s/he eats a particular meal*

PRATICA ORALE

1. **Teresa:** A che ora fai la prima colazione?
   Paolo: Faccio la prima colazione alle sei e mezzo.

2. **Giorgio:** A che ora pranzi?
   Maria: Pranzo all'una e un quarto.

3. **Elena:** A che ora ceni?
   Tonino: Ceno alle sei e mezzo.

4. **Rosa:** A che ora fa Lei la prima colazione?
   Sig. Ricci: Faccio la prima colazione alle otto meno un quarto.

5. **Antonio:** A che ora pranza Lei?
   Sig.ra Dragone: Pranzo alle dodici e mezzo.

6. **Sig. Visicchio:** A che ora cena Lei?
   Sig.ra Coletta: Ceno alle sette.

PRATICA DI CONVERSAZIONE

1. A che ora fai la prima colazione?
2. A che ora pranzi?
3. A che ora ceni?
4. A che ora fa Lei la prima colazione?
5. A che ora pranza Lei?
6. A che ora cena Lei?

A che ora pranzi?

PRATICA SCRITTA

1. Write the questions and the answers of the **Pratica di conversazione**, numbers 1–6.

2. Write the following hours in Italian:

a. at 9:30   e. at 4:45   i. at 12:30
b. at 2:10   f. at 8:14   j. at 3:13
c. at 10:15   g. at 1:25   k. at 11:20
d. at 3:55   h. at 6:40   l. at 1:35

VOCABOLARIO

A che ora fai la prima colazione? / ... fa Lei la prima colazione?
   What time do you eat breakfast?
A che ora pranzi? / ... pranza Lei?
   What time do you eat lunch? (In Italy, the main meal of the day)
   Pranzo alle ...   *I eat lunch at ...*
A che ora ceni? / ... cena Lei?
   At what time do you eat supper?
Pranzo all'una.   *I eat lunch / dinner at one o'clock.*
Ceno alle ...   *I eat supper at ...*

Aim 4   *Each student will be able to ask a peer and an adult questions related to foods, drinks and meal-taking*

PRATICA ORALE

1a. **Lino:** Hai fame?
    Elena: Sì, ho molta fame.

1b. **Lino:** Che mangi quando hai fame?
    Elena: Quando ho fame mangio un panino o una pizza.

2a. **Rosa:** Ha sete Lei?
    Sig. Tesone: Sì, ho molta sete.

2b. **Rosa:** Che beve Lei quando ha sete?
    Sig. Tesone: Quando ho sete bevo dell'acqua o una bibita.

1c. **Lino:** Con chi fai la prima colazione?
Elena: Faccio la prima colazione con la mia amica Maria.

2c. **Rosa:** Con chi fa Lei la prima colazione?
Sig. Tesone: Faccio la prima colazione da solo.

1d. **Lino:** Dove fai la prima colazione?
Elena: Faccio la prima colazione alla mensa della scuola.

2d. **Rosa:** Dove fa Lei la prima colazione?
Sig. Tesone: A volte faccio la prima colazione alla mensa dove lavoro e a volte a casa.

PRATICA DI CONVERSAZIONE

1. Hai fame?
2. Che mangi quando hai fame?
3. Con chi fai la prima colazione?
4. Con chi ceni?
5. Dove pranzi?

6. Ha sete Lei?
7. Che beve Lei quando ha sete?
8. Con chi pranza Lei?
9. Con chi cena Lei?
10. Dove fa Lei la prima colazione?

PRATICA SCRITTA

Write and answer the questions of the **Pratica di conversazione**, numbers 1–10.

PRATICA DI COMPRENSIONE

Your teacher will ask you a few questions related to meal-taking from **Aims 1–4**. After the second repetition, answer each question with a complete sentence in Italian.

VOCABOLARIO

Hai fame? / Ha fame Lei?   *Are you hungry?*
  Ho fame.   *I'm hungry.*
  Ho molta fame.   *I'm very hungry.*
  No, non ho fame.   *I'm not hungry.*
Hai sete? / Ha sete Lei?   *Are you thirsty?*
  Ho sete.   *I'm thirsty.*
  Ho molta sete.   *I'm very thirsty.*
  No, non ho sete.   *I'm not thirsty.*
Che mangi quando hai fame?
Che mangia Lei quando ha fame?
    What do you eat when ...?
Che bevi quando hai sete?
Che beve Lei quando ha sete?
    What do you drink when ...?
Con chi fai la prima colazione?
Con chi fa Lei la prima colazione?
    With whom do you eat breakfast?
  Faccio la prima colazione con...
    I eat breakfast with ...
  Faccio la prima colazione
    da solo(a).
    I eat breakfast alone.
Dove pranzi? / Dove pranza Lei?
    Where do you eat lunch?
  Pranzo a...
    I eat lunch in ... / at ...
    alla mensa della scuola
      the school cafeteria
    alla mensa dove lavoro
      the cafeteria where I work
    a casa / a scuola
      at home / at work
    a volte   *sometimes*

Aim 5 — *Each student will be able to identify the items of the place setting and be able to indicate that one or more are missing from a particular one*

━━━━━━ **P**RATICA ORALE **1** ━━━━━━

Il coperto

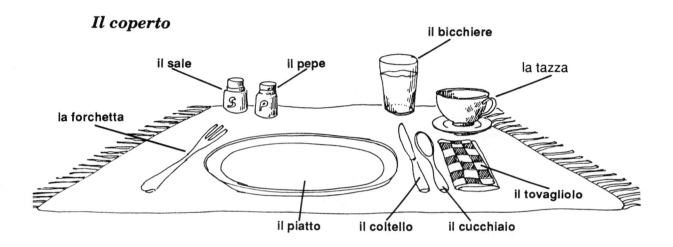

il bicchiere
il sale
il pepe
la tazza
la forchetta
il tovagliolo
il piatto   il coltello   il cucchiaio

━━━━━━ **P**RATICA ORALE **2** ━━━━━━

1. **Rosa:** Che cosa ti manca?
   Tonio: Mi manca la forchetta.

2. **Carlo:** Che cosa ti manca?
   Carmela: Mi manca il cucchiaio.

━━━━━━ **P**RATICA DI CONVERSAZIONE **1** ━━━━━━

One item is missing from each of the following place settings. One partner will ask *Cosa ti manca?* and the other will respond *Mi manca ...,* indicating which item is missing. Students can repeat the activity with partners reversing roles.

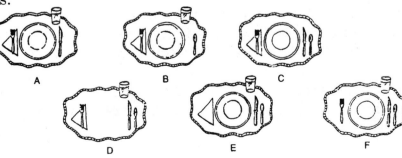

A   B   C

D   E   F

PRATICA DI CONVERSAZIONE 2

Two items are missing from each of the following place settings. One peer partner asks *"Cosa ti manca?"* and the other responds *"Mi mancano ... e ...,"* indicating which items are missing. Then the other partner asks the question.

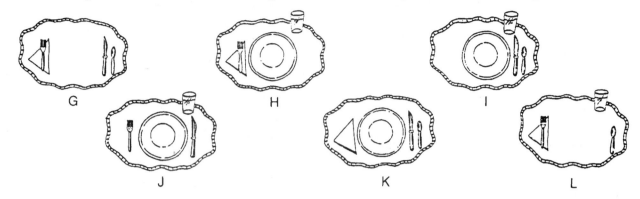

PRATICA SCRITTA

A. Write the appropriate part of the place settings for each of the following.

1. Giovanni beve il latte in un _____.
2. Carlo mangia la zuppa con un _____.
3. Elena taglia la carne con un _____.
4. Mia madre serve il cibo in un _____.
5. Il sig. Mazzeo beve il caffè in una _____.
6. La sig.ra Ricci mangia il pollo con una _____.
7. La sig.na Rossi si pulisce la bocca con un _____.
8. Cameriere! Mi mancano il sale ed il _____.

B. Write the questions and answers of the **Pratica di conversazione 1**, A–F.

PRATICA DI COMPRENSIONE

1. You will hear five statements indicating that one item of the place setting is missing. After the second repetition, write the letter that corresponds to what you hear. Refer to the **Pratica di conversazione 1**.

2. You will hear three statements indicating that two items of the place setting are missing. Refer to the **Pratica di conversazione 2**.

ATTIVITÀ

In un ristorante

A. Preparation: Each student is asked to bring a place setting to class. Paper goods and plastic utensils are suggested.

B. Role-play: In class one peer partner plays the role of the waiter and the other is the diner. The waiter first sets the table, then removes one part of the place setting and asks the diner *"Cosa Le manca?"* and the diner responds. The waiter then puts back the missing item, removes another and asks the question again. After all items have been removed, partners change roles.
Example:

1. **Cameriere:** Cosa Le manca?
    Cliente: Mi manca il coltello.

2. **Cameriera:** Cosa Le manca?
    Cliente: Mi manca il cucchiaio.

VOCABOLARIO

Il coperto   *place setting*

il cucchiaio   *spoon*

il coltello   *knife*

il piatto   *plate*

il tovagliolo   *napkin*

la tazza   *cup*

la forchetta   *fork*

il bicchiere   *glass*

il pepe   *pepper*

il sale   *salt*

il cliente   *client, customer*

il cameriere   *waiter*

la cameriera   *waitress*

Cosa ti manca? / Cosa Le manca?   *What are you missing?*

    Mi manca ...   *I'm missing ....*

    Mi mancano ... e ....   *I'm missing ... and ....*

tagliare   *to cut*

pulirsi la bocca   *to clean one's mouth (using a napkin)*

servire   *to serve*

Each student will be able to read the dialogue
"È l'ora del pranzo" and demonstrate comprehension
by answering a series of true-false questions

LETTURA: PARTE I

È giovedì pomeriggio. Giuseppe incontra la sua amica, Anna, nella
biblioteca di una scuola a Roma. Lui l'invita ad un ristorante
dove va a mangiare con Mario.

1. **Giuseppe:** Ciao Anna! Come stai? È da molto tempo che non ti vedo.
2. **Anna:** Sto così così. Ho un esame di storia oggi alle cinque. Sono stanca di studiare. A proposito, che ora è?
3. **Giuseppe:** Non so. Non ho il mio orologio.
4. **Un altro giovane:** Sono le due.
5. **Anna:** Grazie.
6. **Giuseppe:** È l'ora del pranzo. Il mio amico Mario ed io andiamo a pranzare alla trattoria vicino alla scuola. Perché non mangi con noi?
7. **Anna:** Va bene. Mi piacerebbe. Dicono che il cibo è molto buono lì.
8. **Giuseppe:** È eccellente. A volte mangio lì con alcuni dei miei amici.

❑ *Comprensione della lettura: Vero o Falso*

If the statement is true, write *Vero* and copy the statement. If the statement is false, write *Falso* and rewrite the entire statement, **correcting the bold portion.**

1. Giuseppe incontra Anna nella **mensa** della scuola.
2. È da **poco** tempo che Giuseppe non vede Anna.
3. Anna ha un esame di **matematica.**
4. Giuseppe non sa che ora è perché **lui non ha il suo orologio.**
5. Giuseppe e Mario vanno a mangiare in un ristorante **lontano dalla** scuola.

❑ *Vocabolario della lettura:*

Lui l'invita. *He invites **her**.*   vedere *to see*
1. È da molto tempo che non ti vedo. *I haven't seen you in a long time.*
2. Sono stanco(a) di ... *I'm tired of ...* a proposito *by the way*
3. Non so. *I don't know*
   sapere *to know:* Io so ..., tu sai ..., Lei, lui, lei, sa ...
   l'orologio *watch*
6. È l'ora di ... *It's time to ...:* È l'ora del pranzo. *It's time to eat lunch.*
   la trattoria *family style restaurant*   con noi ... *with us*
   vicino *near:* vicino a me *near me*

6. *(cont'd)*
   lontano da   *far from*
7. Mi piacerebbe.   *I would like to.*
   Dicono **che** ...   *They say **that** ...*
8. eccellente   *excellent*   alcuni dei ...   *some of ...*

❑ *Functions of Language:*

We use language to carry out many functions in the process of communication. Answer the following questions in Italian to review some of these frequently used phrases which appear in the **Lettura: Parte 1**.

How would you say:
1. to a friend, that you haven't seen him/her in a long time?
2. that you are tired of doing a particular activity?
   a. I'm tired of studying.
   b. I'm tired of working.
3. that you don't know something?
4. that it's time to do a certain activity?
   a. It's time to enter.
   b. It's time to eat.
   c. It's time to leave.
5. that you accept an invitation given to you?
   a. Okay.
   b. I would like to.

LETTURA: PARTE II

Giuseppe ed Anna vanno a piedi al ristorante dove incontrano Mario che aspetta all'entrata.

9. **Giuseppe:** Ciao Mario! Voglio presentarti la mia amica, Anna.
10. **Mario:** Piacere.
11. **Anna:** Molto lieta.
12. **Giuseppe:** Entriamo nel ristorante.
13. **Mario:** Ho molta fame.
14. **Anna:** Anch'io.

I tre giovani entrano nel ristorante e si siedono alla tavola.

15. **Anna:** Dov'è il gabinetto per donne?
16. **Giuseppe:** In fondo, a destra.
17. **Anna:** Con permesso.
18. **Mario:** E il gabinetto per uomini, dov'è?
19. **Giuseppe:** Anche in fondo, a sinistra.
20. **Mario:** Con permesso.
    Dopo cinque minuti, Anna e Mario tornano alla tavola.

❑ *Comprensione della lettura: Vero o Falso*

If the statement is true, write *Vero* and copy the statement. If the statement is false, write *Falso* and rewrite the statement, **correcting the bold portion**.

6. Giuseppe ed Anna vanno al ristorante **in treno**.
7. Mario aspetta **all'entrata** del ristorante.
8. **Giuseppe** presenta Anna a Mario.
9. Mario ed Anna hanno molta **sete**.
10. Il gabinetto delle donne è in fondo a **sinistra**.

❑ *Vocabolario della lettura:*

andare a piedi   *to walk*
... **che** aspetta all'entrata   ... **who** *is waiting at the entrance*
9. Voglio presentarti la mia amica / il mio amico ...
   I want to introduce to you my friend...
10. Piacere.   *Pleased to meet you. / It's a pleasure.*
11. Molto lieta(o).   *I'm delighted to meet you.*
12. Entriamo nel ...   *Let's go into ..., Let's enter ...*
   Si siedono alla tavola.   *They sit down at the table.*
15. il gabinetto   *the bathroom:*
   Dov'è il gabinetto?   *Where is the bathroom?*
   per donne   *women's*   per uomini   *men's*
16. in fondo   *in the back*
   a destra   *on the right*
17. Con permesso.   *Excuse me. (Used to excuse yourself when leaving the company of others)*
19. a sinistra   *on the left*
   tornano   *they return*

❏ *Functions of Language:*

In Italian, how would you:
6. a. introduce one friend to another?
    b. indicate that you are pleased to meet the other person?
    c. respond if you were the other person ("I'm delighted.")?
7. suggest a course of action to one or more people?
    a. Let's go into the restaurant.
8. find out where someone or something is located?
    a. Where is the restaurant?
    b. Where is the bathroom?
    c. Where is Mary?
9. indicate that something is located on the left? on the right?
10. excuse yourself when in the company of others?

❏ *Comprensione della lettura:*

1. Quando Giuseppe incontra Anna?
2. A che ora è l'esame di Anna?
3. Perché non sa Giuseppe che ora è?

4. Che ora è? È l'ora del pranzo?
5. Dov'è il ristorante?
6. Com'è il cibo lì?
7. Chi aspetta all'entrata del ristorante?
8. Chi ha molta fame?
9. Dov'è il gabinetto per donne?
10. Dov'è il gabinetto per uomini?

Each student will be able to read the dialogue
"In un ristorante" and demonstrate comprehension
by answering a series of true / false questions

LETTURA: PARTE I

Sono le quattordici e un quarto. (Sono le due e un quarto di pomeriggio.) I tre giovani, Giuseppe, Anna e Mario sono seduti in un ristorante a Roma. Giuseppe chiama il cameriere.

1. **Giuseppe:** Cameriere! La lista per piacere.
   Il cameriere porta la lista e loro la guardano per circa cinque minuti.
2. **Giuseppe:** Senta, cameriere. Mi manca la forchetta.
3. **Cameriere:** Scusi. Eccola. Cosa desiderano mangiare per primo?
4. **Anna:** Tortellini in brodo, per piacere.
5. **Mario:** Io vorrei spaghetti alle vongole.
6. **Cameriere:** E Lei, signore?
7. **Giuseppe:** Mi porti i bucatini all'amatriciana. È la mia pasta preferita.
8. **Cameriere:** E per secondo?
9. **Anna:** Una bistecca ai ferri, per piacere.
10. **Mario:** Io vorrei l'agnello al forno.
11. **Giuseppe:** Per me, una costoletta alla milanese.
12. **Cameriere:** E cosa desiderano bere?
13. **Anna:** Acqua minerale gassata, per favore.
14. **Mario:** Un'aranciata.
15. **Cameriere:** E Lei signore, cosa desidera bere?
16. **Giuseppe:** Mi porti acqua minerale naturale.

❑ *Comprensione della lettura:*

If the statement is true, write *Vero* and copy the statement. If the statement is false, write *Falso* and rewrite the statement, **correcting the bold portion**.

1. I tre giovani guardano la lista **per mezz'ora.**
2. A Giuseppe manca **il coltello.**
3. Per primo, Anna desidera **tortellini in brodo.**
4. La pasta preferita di Giuseppe sono i **bucatini all'amatriciana.**
5. Anna desidera bere **acqua minerale naturale.**

❑ *Vocabolario della lettura:*

prima di   *before;*   dopo di   *after*
sono seduti   *they are seated*
porta il menù/porta la lista   *he brings the menu*
    portare   *to bring*
la guardano   *they look at **it**:*   **la** lista delle vivande
per **circa** cinque minuti   *for **about** five minutes*
2.   Senta!   *Listen! (used to get someone's attention)*
3.   Scusi. (Mi dispiace.)   *I'm sorry.*
    Eccolo!   *Here it is.*   **il** coltello
    Eccola!   *Here it is.*   **la** forchetta
    desiderare   *to wish, to desire*
    Cosa desidera mangiare? / Cosa desiderano mangiare?
        What do you wish to eat?
            Io vorrei ...   *I would like ...*
    per primo   *as a first dish*
    per secondo   *as a second dish*

Note: Italians generally eat two main dishes with their main meal of the day (the *pranzo*) whether they are eating in a restaurant or at home.

4.   tortellini in brodo   *little rings of pasta filled with meat, cheese or vegetables served in a clear broth*
5.   spaghetti alle vongole   *spaghetti with clam sauce*
7.   bucatini all'amatriciana   *a long, hollow tubular pasta in a tomato sauce made with bacon and onion.*
    Mi porti ...   *Bring me ...*
9.   ai ferri   *barbecued*
10.   l'agnello al forno   *roasted lamb*
11.   costoletta alla milanese   *breaded veal cutlet*
    per me   *for me*
12.   Cosa desidera bere? / Cosa desiderano bere?
    What do you wish to drink?
13.   acqua minerale gassata   *carbonated bottled water*
14.   un'aranciata   *a carbonated orange drink*
16.   acqua minerale naturale   *non-carbonated bottled water*

Il cameriere porta il pane e le bevande.

17. **Mario:** Passami il pane, per favore.
18. **Anna:** Eccolo.
19. **Mario:** Grazie.
    Il cameriere porta il primo piatto.
20. **Giuseppe:** Buon appetito!
21. **Mario:** Altrettanto.
22. **Anna:** Grazie.
    Il cameriere porta il secondo.
23. **Giuseppe:** Come ti pare il cibo?
24. **Mario:** Il cibo è eccellente.
    Mi piace molto.
25. **Anna:** È molto buono il cibo.
26. **Giuseppe:** Senta, cameriere, che c'è per dolce?
27. **Cameriere:** Per dolce c'è la crostata di mele, il gelato o lo zuccotto.
28. **Anna:** Gelato al cioccolato.
29. **Mario:** Vorrei la crostata.
30. **Giuseppe:** Per me lo zuccotto.
31. **Cameriere:** Desiderano un caffè?
32. **Anna:** No, grazie.
33. **Mario:** Un espresso.
34. **Giuseppe:** Anche per me.
35. **Giuseppe:** Cameriere, il conto per piacere.
36. **Cameriere:** Certo, signore.
37. **Anna:** Dopo questo pranzo così buono sono pronta per l'esame.
    I tre giovani pagano il conto, lasciano la mancia ed escono dal ristorante.

❑ *Comprensione della lettura:*

If the statement is true, write *Vero* and copy the statement. If the statement is false, write *Falso* and rewrite the statement, **correcting the bold portion**.

7. Il cameriere porta il pane e le bevande **dopo** il primo piatto.
8. A Giuseppe, ad Anna ed a Mario piace **molto il cibo.**
9. Per dolce, Mario vuole **la crostata.**
10. **Giuseppe e Mario** bevono un espresso.
11. **Anna** chiede il conto al cameriere.
12. Loro lasciano **una mancia.**

❑ *Vocabolario della lettura:*

17. passare   *to pass:* passami...   ... *pass me ...*
20. Buon appetito!   *Hearty appetite!*
21. Altrettanto.   *Same to you.*
23. **Come ti pare** il cibo?   **What do you think of** *the food / meal?*
24. è eccellente   ... *excellent*
    Mi piace molto...   *I like ... very much*
25. è molto buono   *it is very good*
26. Che c'è per dolce?   *What is there for dessert?*
27. la crostata di mele   *an open-face fruit pie made with a sweet pastry crust and apples*
    il gelato   *ice cream*
    lo zuccotto   *a chocolate and fruit cream dessert which is usually served frozen*
33. un espresso   *demi-tasse coffee*
35. il conto   *the bill*
37. così ...   *such a ...:* un pranzo **così** buono   ***such a** good meal*
    sono pronto(a) ...   *I'm ready ...*
      pagare   *to pay*
    lasciare una mancia   *to leave a tip*
      uscire da ...   *to leave ...:* loro escono   *they leave*
    chiedere   *to ask for:* Io **chiedo,** tu **chiedi,** lui, lei, Lei **chiede**

❑ *Functions of language:*

1. What would you say to get a waiter's attention?
2. What are three ways to order something in a restaurant?
3. What are three ways to express satisfaction with a meal?
4. What would you say to indicate that you're missing a part of your place setting?

NOTA CULTURALE

There are differences between Italian and American eating customs. Can you answer the following questions?

1. At what time do Italians eat their principal meal of the day? and Americans?
2. How many main dishes are served at this principal Italian meal? How does this meal differ from the American lunch?
3. What is always brought to the table without request?
4. What are some typical Italian main dishes?
5. What are some typical Italian desserts?

Given a menu of an Italian restaurant, each student will be able to order a meal, express satisfaction or dissatisfaction with the meal and ask for the bill

▰ATTIVITÀ▰

A. The class is divided into groups of four or five. One student plays the role of the waiter and the others are the diners for the main meal of the day. You are in a restaurant in Rome called *La Lampara*.

  a. Call the waiter (get his attention) and ask for a menu.
     (The waiter brings the menu.)
  b. Each diner states that one part of his place setting is missing.
     (The waiter brings the missing item to each diner.)
  c. The waiter asks what each diner wants to eat for the first and second dish and each diner states his order from the menu given.
  d. The waiter asks what each diner wishes to drink and each diner states his order.
     (The waiter leaves to place his orders with the kitchen and returns with the bread and drinks.)
  e. Each diner makes some "small talk" while waiting for the meal. One can comment about the weather, about how many people (few or many) there are in the restaurant or about its size (large or small) or beauty.
  f. The waiter serves the first dish telling each diner in Italian "Here is ...," naming the dish ordered by each person.
  g. The waiter next serves the second dish stating "Here is ...."
  h. The waiter then asks each diner if s/he desires coffee and each diner expresses his preference.
  i. Each diner then expresses his satisfaction or dissatisfaction with the meal.
  j. One diner gets the waiter's attention and asks for the bill.
  k. The diners pay the bill, leave a tip in accordance with the kind of service given by the waiter and say goodbye.

B. This same activity is repeated with students changing roles. The diners return to the same restaurant on another occasion. The second time they have a different waiter and, of course, want to try different dishes.

La Lampara

antipasti

Crostini di pane alla casalinga	L.	5.000
Panzanella	L.	4.800
Fettunta	L.	4.800
Olive nere agliate al prezzemolo	L.	4.800
Prosciutto crudo	L.	8.000
Il salame toscano	L.	7.500
La finocchiona	L.	7.500
Salumi misti	L.	9.000
Antipasti al carrello		s.q.
Prosciutto e melone (in stagione)	L.	9.800

piatti espressi

Fegato alla salvia o al burro	L.	14.000
Nodino di vitella alla salvia	L.	16.000
Petti di pollo al burro o al brandy	L.	12.800
Scaloppine alla pizzaiola	L.	12.800
Scaloppine alla boscaiola	L.	12.800
Scaloppine al limone e prezzemolo	L.	12.800
Scaloppine alla chiantigiana	L.	12.800
Scaloppine alla maremmana	L.	12.800
Scaloppine alla milanese	L.	12.800
Omelette al pomodoro	L.	7.400
Omelette al prosciutto	L.	7.400
Omelette al formaggio	L.	7.400

la nostra griglia a legna

La tipica bistecca alla fiorentina 100 gr.	L.	3.500
Filetto di vitella	L.	16.000
Paillard di vitella	L.	13.000
Lombatina di vitella	L.	16.000
Filetto di manzo	L.	16.000
Salsicce di puro suino nostrale	L.	8.800
Grigliata mista alla moda dello chef	L.	19.000
Fegato di vitella	L.	14.000
Bistecca di suino	L.	13.000
Petto di pollo	L.	11.000

legumi e formaggi

Gorgonzola		L. 5.500
Pecorino di Grosseto		L. 5.500
Mozzarella di bufala		L. 5.500
Emmental svizzero		L. 5.500
Formaggi assortiti	L. 6.000	L. 9.000
Patate fritte		L. 4.500
Fagioli toscani all'olio di oliva o all'uccelletto		L. 4.800
Insalata mista di stagione		L. 4.800
Insalata verde		L. 4.500
Insalata di pomodori		L. 4.800
Spinaci saltati		L. 4.800
Piselli all'olio		L. 4.800

minestre

Zuppa di verdura	L.	5.000
Minestrone con riso	L.	5.000
Consommé	L.	4.000
Minestrina in brodo	L.	5.000
Ravioli o tortellini freschi in brodo	L.	7.400
Lasagne verdi al forno a legna	L.	6.800
Cannelloni al forno a legna	L.	6.800
Tortellini freschi alla fiorentina	L.	7.400
Tortellini freschi alla boscaiola	L.	7.400
Ravioli freschi alla Medici	L.	7.400

piatti pronti

Trippa alla fiorentina	L.	8.500
1/4 Pollo arrosto al forno a legna	L.	9.000
Vitella di latte al forno a legna	L.	13.000
Ossobuco tipico toscano alla « dantesca »	L.	12.800
Spezzatino alla fiorentina con pioggia di piselli	L.	10.800
Arista al forno a legna	L.	13.000
Braciola in umido alla fiorentina	L.	13.000
Bistecca di maiale alla maremmana	L.	13.000

dolci

Dolci del carrello assortiti		L. 5.000
Gelati a piacere	L. 4.800	L. 6.800
Macedonia		L. 4.800
Creme Caramel		L. 4.800
Ananas o pesche sciroppate		L. 4.800
Frutta fresca di stagione		s.q.

le bevande

Acqua minerale 1/2 litro		L. 1.300
Acqua minerale 1 litro		L. 2.400
Cola alla spina piccola-media	L. 3.500	L. 4.500
Aranc. alla spina . .	L. 3.500	L. 4.500
Spremute di frutta fresca (in stagione)		L. 3.800
Amari - Grappe - Liquori		L. 3.000
Caffè		L. 1.800
Caffè corretto		L. 2.500
Cappuccino		L. 2.000
The		L. 2.000

Each student will be able to state numbers 100–20,000 to be able to read the price of foods on an Italian menu

---

PRATICA ORALE

I numeri da 100 a 20.000

100	cento	600	seicento	3.000	tremila
200	duecento	700	settecento	4.000	quattromila
300	trecento	800	ottocento	5.000	cinquemila
400	quattrocento	900	novecento	10.000	diecimila
500	cinquecento	1.000	mille	15.000	quindicimila
		2.000	duemila	20.000	ventimila

Note:

1. One thousand is *mille* but two thousand and beyond is *mila.*

2. Numbers are combined and written as one word. **Examples:**

   230 = *duecentotrenta*   1100 = *millecento*

3. Periods are used instead of commas in a number. **Example:**

   12,800 = 12.800

4. The number "one" has both masculine and feminine forms, "*un*" and "*una.*"

PRATICA DI CONVERSAZIONE

Peer partners take turns asking one another how much each of the following foods cost on the menu of *La Lampara*. ***Example:***

Filippo: Quanto costano le scaloppine alla milanese?
Roberto: Le scaloppine alla milanese costano dodicimilaottocento lire.

Partner A

1. Quanto costa mezzo litro di acqua minerale?
2. Quanto costano le scaloppine alla pizzaiola?
3. Quanto costa il prosciutto e melone?
4. Quanto costa una zuppa di verdura?
5. Quanto costa un petto di pollo?
6. Quanto costa il salame toscano?
7. Quanto costano le olive nere agliate al prezzemolo?
8. Quanto costano le pesche sciroppate?
9. Quanto costano le patate fritte?
10. Quanto costa un cappuccino?

Partner B

1. Quanto costa una panzanella?
2. Quanto costano i tortellini freschi alla fiorentina?
3. Quanto costa un pollo arrosto al forno a legna?
4. Quanto costa il fegato alla salvia?
5. Quanto costa un filetto di manzo?
6. Quanto costa la mozzarella di bufala?
7. Quanto costano gli spinaci salati?
8. Quanto costa un minestrone con riso?
9. Quanto costa una macedonia?
10. Quanto costa una spremuta di frutta fresca?

▭▭▭ PRATICA SCRITTA ▭▭▭▭▭▭▭▭▭▭

Write each question and answer of the **Pratica di conversazione, Partner A,** numbers 1–10.

▭▭▭ PRATICA DI COMPRENSIONE ▭▭▭▭▭

Listen carefully as your teacher states a few numbers from 100 to 20000 in Italian. After the second repetition, write the number you hear in Arabic numbers. *Example:*

settecentotrentanove	739
milleottocentosessantaquattro	1,864

▭▭▭ VOCABOLARIO ▭▭▭▭▭▭▭▭▭▭▭

l'aglio   *garlic*
   agliato(a)   *in a garlic sauce*
i carciofi   *artichokes*
la salsiccia   *sausage*
il riso   *rice*
gli asparagi   *asparagus*
i piselli   *peas*
il limone   *lemon*
il manzo   *beef*
le pesche sciroppate   *peaches in syrup*
il fegato   *liver*
la panzanella   *bread slightly soaked in water topped with olive oil, garlic, salt, oregano and bits of tomato*

la torta   *cake*
i fagioli   *beans*
la bistecca di maiale   *pork chop*
gli spinaci   *spinach*
la macedonia   *fruit salad*
all'olio   *with oil*
in lattina   *in a can*
la bibita in lattina   *a can of soda*

ACQUISTI

□ **Topic**
Shopping

□ **Situation**
Interaction with individual peers and adults

□ **Function**
Socializing, obtaining and providing information
Expressing personal feelings about clothes
Suggesting a course of action

□ **Proficiency**
Can comprehend simple statements and questions and
  respond appropriately with possible need for repetition
Can buy an article of clothing in a store

☐ **A**IM **1**

Each student will be able to identify some basic articles of men's and women's clothing

☐ **A**IM **2**

Each student will be able to state what s/he wears on various occasions

☐ **A**IM **3**

Each student will be able to ask what color an article of clothing is and be able to respond

☐ **A**IM **4**

Each student will be able to ask who possesses one or more articles of clothing and other objects and be able to respond

☐ **A**IM **5**

Each student will be able to ask a peer and an adult questions related to shopping for clothes

☐ **A**IM **6**A

Each student will be able to read the dialogue *"Fare acquisti"* and demonstrate comprehension by answering questions

☐ **A**IM **6**B

Each student will be able to read the dialogue *"Come posso aiutarLa?"* and demonstrate comprehension by answering questions

☐ **A**IM **7**

Each student will be able to buy an article of clothing in a store

Aim 1 *Each student will be able to identify some basic articles of men's and women's clothing*

PRATICA ORALE 1

Il vestiario / gli abiti

il cappotto

i blue jeans

la camicetta

i calzini

la camicia

la cintura

la cravatta

la giacca

la gonna

i pantaloni

il cappello

la maglia/il pullover

le scarpe da tennis

il vestito
da uomo

il vestito
da donna

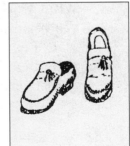
le scarpe

PRATICA ORALE 2

Due conversazioni telefoniche

1. (*Giuseppe fa una telefonata a Giovanni.*)
   Michele: Pronto! Chi parla?
   Giuseppe: Sono io, Giuseppe. Come va?
   Michele: Sto bene. E tu?
   Giuseppe: Sto molto bene. Questa sera vado ad una festa.
   Michele: Mi fa piacere! Ti metti un vestito per andare alla festa?
   Giuseppe: Sì, mi metto sempre un vestito con la camicia e una cravatta quando vado alle feste.

2. (*Elena fa una telefonata a Carmela.*)
   Carmela: Pronto! Chi parla?
   Elena: Sono Elena. Come stai?
   Carmela: Non mi sento molto bene.
   Elena: Cos'hai?
   Carmela: Ho il raffreddore ed un po' di febbre. Non posso andare alla discoteca stasera.
   Elena: Mi dispiace!
   Carmela: Cosa ti metti per andare alla discoteca?
   Elena: Mi metto una gonna, una camicetta elegante e delle scarpe nuove.
   Carmela: Divertiti!
   Elena: Pronta guarigione!

DOMANDA CHIAVE

❑ *Functions of language:*

1. What expression would be appropriate to respond to good news?
2. What expression would be appropriate to respond to bad news?
3. What would you say to a friend to wish him/her a good time?
4. What would you say to indicate you can't do a particular activity?
   a. I can't go.
   b. I can't work.
   c. I can't eat.

PRATICA DI CONVERSAZIONE

You call your friend on the telephone in the morning before school. S/he responds appropriately (refer to **Pratica orale 2)** and then you identify yourself. You then ask how s/he is and your friend responds. Next ask if s/he is wearing the following articles of clothing today.

Domande per uomini	**Domande per donne**
1. Porti una camicia?	1. Porti una camicetta?
2. Porti dei pantaloni o dei blue jeans?	2. Porti una gonna o dei pantaloni?
3. Porti dei calzini?	3. Porti una giacca?
4. Porti una cintura?	4. Porti una cintura?
5. Porti un vestito?	5. Porti un vestito?
6. Porti una cravatta?	6. Porti un cappello?
7. Porti delle scarpe da tennis?	7. Porti delle scarpe?
8. Porti un cappello?	8. Porti una maglia?
9. Porti un cappotto o una giacca?	9. Porti un cappotto?

RIASSUNTO

Ask three of your classmates the question, *Cosa porti oggi?* They should respond by stating at least five articles of clothing that they are wearing today.

Each student will be able to state what s/he wears or uses on various occasions

---

PRATICA ORALE 1

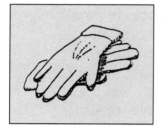

il costume da bagno

i pantaloni corti

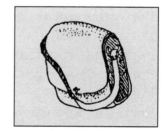

la maglietta

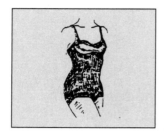

i guanti

l'ombrello

la borsa

PRATICA ORALE 2

1. **Carmela:** Cosa indossi quando vai ad un matrimonio?
   Teresa: Quando vado ad un matrimonio indosso una veste elegante, delle scarpe, porto una borsa ed un cappello.

2. **Roberto:** Cosa indossi quando stai a casa?
   Antonio: Quando sto a casa indosso dei blue jeans, una maglietta, una cintura, dei calzini e delle scarpe da tennis.

PRATICA DI CONVERSAZIONE

1. Cosa indossi quando vai a scuola?
2. Cosa indossi quando vai ad una festa (o ad una discoteca)?
3. Cosa indossi quando vai al mare?
4. Cosa indossi quando vai a casa di un'amica (un amico)?
5. Cosa indossi quando vai ad una partita di baseball?
6. Cosa indossi quando vai ad un matrimonio?
7. Cosa indossi quando stai a casa?

PRATICA SCRITTA

1. Write both the questions and the answers of the **Pratica di conversazione**, numbers 1–7.

2. Complete each sentence with the appropriate articles of clothing or accessories for each of the following weather conditions.

a. Quando fa molto freddo Carlo porta _____ e _____.
b. Quando fa molto caldo Marina porta _____ e _____.
c. Quando fa bel tempo io porto _____ e _____.
d. Quando piove io porto _____ e _____.
e. Quando nevica io porto _____ e _____.

PRATICA DI COMPRENSIONE

Listen carefully as your teacher states a few articles of clothing and accessories. After the second repetition, write the letter that corresponds to what you hear.

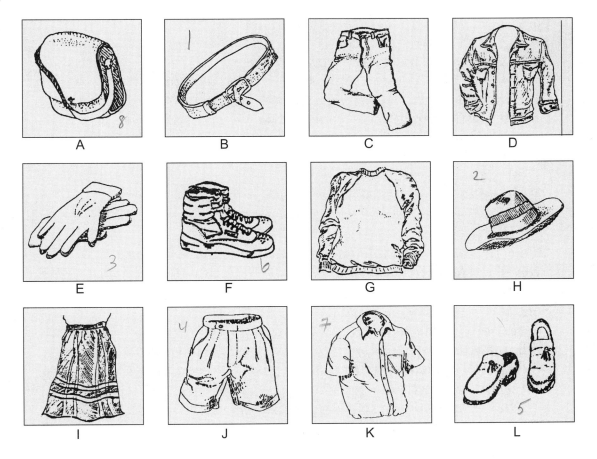

i vesitario / gli abiti *clothing*

il cappotto	*overcoat*	i pantaloni	*pants*
la camicetta	*blouse*	i pantaloni corti	*shorts*
i calzini	*socks*	i blue jeans	*blue jeans*
la camicia	*shirt*	l'ombrello	*umbrella*
la borsa	*handbag*	i sandali	*sandals*
la giacca	*jacket*	il cappello	*hat*
la cintura	*belt*	la maglietta	*t-shirt*
la cravatta	*necktie*	la maglia/il pullover	*sweater*
la gonna	*skirt*	le scarpe	*shoes*
gli occhiali	*eyeglasses*	le scarpe da tennis	*sneakers*
gli occhiali da sole	*sunglasses*	il vestito	*suit*
i guanti	*gloves*	il vestito	*dress*

portare, mettersi, indossare   *to wear*
Porti ...? / Ti metti ...? / Indossi ...?
    Are you wearing ...? / Do you wear ...?
   Porto ... / Mi metto ... / Indosso ...   *I am wearing ... / I wear ...*
Cosa indossi oggi?   *What are you wearing today?*
Cosa ti metti quando vai ...?   *What do you wear when you go ...?*
   ad un matrimonio   *to a wedding*
   alla casa di un'amica (un amico)   *to a friend's house*
   al mare   *to the beach*
   ad una partita di baseball   *to a baseball game*
Porti ...?   *Are you carrying ...? / Do you carry ...?*

Una conversazione al telefono   *a telephone conversation*
Pronto!   *Hello! (on the telephone)*
Chi parla?   *Who's speaking?*
Sono io, ...   *It's me, ...*
questa sera   *this evening*
Mi fa piacere!   *How happy I am! (In response to good news).*
Mi dispiace!   *How sorry I am! (In response to bad news).*
Non posso ...   *I can't ...*
   Non posso andare.   *I can't go.*
Divertiti!   *Have a good time!*
Pronta guarigione!   *Hope you feel better soon!*

Aim 3 *Each student will be able to ask what color an article of clothing is and be able to respond*

═══════ **PRATICA ORALE 1** ═══════

I colori (**Teacher's presentation**)
(Note: The colors are listed in the Vocabolario)

═══════ **PRATICA ORALE 2** ═══════

1a. **Giuseppe:** Di che colore è il cappotto?
Maria: Il cappotto è bianco.

1b. **Giuseppe:** Di che colore sono i cappotti?
Maria: I cappotti sono bianchi.

2a. **Anna:** Di che colore è la gonna?
Elena: La gonna è bianca.

2b. **Anna:** Di che colore sono le gonne?
Elena: Le gonne sono bianche.

3a. **Gianni:** Di che colore è il vestito?
Sig. Ricci: Il vestito è blu.

3b. **Gianni:** Di che colore sono i vestiti?
Sig. Ricci: I vestiti sono blu.

4a. **Filippo:** Di che colore è la camicia?
Sig.ra Tesone: La camicia è blu.

4b. **Filippo:** Di che colore sono le camicie?
Sig.ra Tesone: Le camicie sono blu.

5a. **Sabrina:** Di che colore è il cappello?
Marisa: Il cappello è verde.

5b. **Sabrina:** Di che colore sono i cappelli?
Marisa: I cappelli sono verdi.

═══════ **DOMANDE CHIAVE** ═══════

Colors are adjectives because they describe nouns.

1.   If the adjective ends in an "*o*" in the dictionary *(nero)* what are the four forms the adjective can have?

2.   If the adjective ends in a consonant or an "*e*" in the dictionary *(verde)* what are the two possible forms the adjective can have?

3.   What will determine which form of the adjective is to be used?

Note: This concept is called Noun-Adjective Agreement.

4.   The adjectives *arancione, blu, marrone* and *rosa* are invariable. This means they do <u>not</u> take changes.

▬▬▬▬▬ PRATICA DI CONVERSAZIONE ▬▬▬▬▬

Peer partners ask one another the following questions and answer according to the cue given in parentheses.

1. Di che colore è il cappello? (verde)
2. Di che colore è la cravatta? (rosso)
3. Di che colore è la maglia? (giallo)
4. Di che colore è la borsa? (blu)
5. Di che colore è la cintura? (grigio)
6. Di che colore sono le scarpe da tennis? (bianco)
7. Di che colore sono le camicette? (rosa)
8. Di che colore sono i guanti? (marrone)
9. Di che colore sono le gonne? (verde)
10. Di che colore sono i vestiti? (grigio)

▬▬▬▬▬ PRATICA ORALE 3 ▬▬▬▬▬

Cosa porti ...? / Cosa portano ...?

1a. Maria porta un cappotto bianco. Maria ed Anna portano dei cappotti bianchi.
2a. Gianni porta una camicia bianca. Gianni e Giuseppe portano delle camicie bianche.
3a. Carlo porta un cappello blu. Carlo e Pietro portano dei cappelli blu.
1b. Daniela porta una gonna verde. Angela e Daniela portano delle gonne verdi.
2b. Sandro porta dei pantaloni verdi. Sandro e Piero portano dei pantaloni verdi.
3b. Carmela porta una camicetta azzura. Carmela e Rachele portano delle camicette azzure.

▬▬▬▬▬ DOMANDA CHIAVE ▬▬▬▬▬

In the examples given, where are the adjectives placed in relation to the nouns they describe?

PRATICA SCRITTA

1. Write the questions and answers of the **Pratica di conversazione**, numbers 1–10.
2. Write the following sentences using the appropriate form of the adjective (the color) in parenthesis.

    a. Anna porta il cappello _____. (rosso)
    b. Maria porta un vestito _____. (giallo)
    c. Carmela porta una gonna _____. (nero)
    d. Paolo porta una camicia _____. (arancione)
    e. La mia amica porta una cintura _____. (blu)
    f. Le ragazze portano i pantaloni _____. (blu)
    g. I miei amici portani le scarpe _____. (grigio)
    h. Le mie amiche portano le giacche _____. (verde)
    i. Loro portano i calzini _____. (marrone)
    j. Loro portano i sandali _____. (rosa)

ATTIVITÀ

1. State the colors of the clothes that three of your classmates are wearing. **Examples:**
    a. Rosa porta una gonna gialla, una camicetta rossa, una cintura nera e delle scarpe nere.
    b. Roberto porta i pantaloni blu, una camicia bianca, una giacca grigia, dei calzini grigi e delle scarpe nere.

2. State the colors of clothes that people are wearing from pictures or advertisements that you have cut out from magazines (four or five pictures).
3. State the colors of five classroom objects.

VOCABOLARIO

I colori   *colors*

giallo(a) *yellow*	marrone* *brown*	
arancione* *orange*	nero(a) *black*	
azzuro(a) *blue*	rosso(a) *red*	*These colors have
blu* *blue*	rosa* *pink*	only one form.*
bianco(a) *white*	verde *green*	
grigio(a) *gray*		

Di che colore è ...?   *What color is ...?*
Di che colore sono ...?   *What color are ...?*

 *Each student will be able to ask who possesses one or more articles of clothing and other objects and be able to respond*

PRATICA ORALE

1a. **Michele:** Di chi è questo cappello?
   Elena: Questo cappello è di Maria.
1b. **Gianni:** Di chi sono questi cappelli?
   Sig. Mazzeo: Questi cappelli sono del Signor Rizzo.

2a. **Filippo:** Di chi è questa giacca?
   Teresa: Questa giacca è di mio fratello.
2b. **Giuseppe:** Di chi sono queste giacche?
   Roberto: Queste giacche sono della Signorina Petrucci.

3a. **Gianna:** Di chi è quest'impermeabile?
   Domenico: Quest'impermeabile è di Roberto.
3b. **Tonino:** Di chi sono questi impermeabili?
   Sandro: Questi impermeabili sono delle mie sorelle.

4a. **Susanna:** Di chi è questa macchina?
   Riccardo: Questa macchina è degli zii di Anna.
4b. **Marina:** Di chi sono queste macchine?
   Luciano: Queste macchine sono dei ragazzi americani.

5a. **Maria:** Di chi è quel cappotto?
   Rachele: Quel cappotto è mio.
5b. **Rosa:** Di chi sono quei cappotti?
   Sigra. Tesone: Quei cappotti sono miei.

6a. **Tommaso:** Di chi è quella cravatta?
   Pietro: Quella è mia.
6b. **Paolo:** Di chi sono quelle cravatte?
   Sig. D'Angelo: Quelle cravatte sono mie.

7a. **Aldo:** Di chi è quell'impermeabile?
   Mario: Quell'impermeabile è di Tommaso.
7b. **Vincenzo:** Di chi sono quegli impermeabili?
   Sara: Quegli impermeabli sono dei ragazzi siciliani.

8a. **Roberta:** Di chi è quella macchina?
    Stella: Quella macchina è dell'amica di Gianni.
8b. **Laura:** Di chi sono quelle macchine?
    Tina: Quelle macchine sono degli alunni americani.

9a. **Gina:** Di chi è quello zaino?
    Rosalba: Quello zaino è dello zio di Anna.
9b. **Piero:** Di chi sono quegli zaini?
    Angela: Quegli zaini sono miei.

DOMANDE CHIAVE

Which words indicate possession in Italian?

"di" combines with the definite articles in the following ways:

M. singular	M. plural	F. singular	F. plural
di + il = del	di + i = dei	di + la = della	di + le = delle
di + lo = dello	di + gli = degli	di + l' = dell'	
di + l' = dell'			

==== **NOTA GRAMMATICALE** ====

Demonstrative adjectives:

	masculine	feminine
this	questo cappello	questa giacca
these	questi cappelli	queste giacche
this	quest'impermeabile	quest'auto
these	questi impermeabili	queste auto
that	quel cappello	quella giacca
those	quei cappelli	quelle giacche
that	quell'impermeabile	quell'auto
those	quegli impermeabili	quelle auto
that	quello zaino	quella zia
those	quegli zaini	quelle zie

Pratica:

(this)	_____ libro	_____ uomo	_____ casa	_____ ombrello
(these)	_____ libri	_____ uomini	_____ case	_____ ombrelli

(that)	_____ vestito	_____ studente	_____ zia	_____ alunna
(those)	_____ vestiti	_____ studenti	_____ zie	_____ alunne

==== **PRATICA DI CONVERSAZIONE** ====

Respond according to the cue given. If the cue is *"mio,"* change it to the correct form, if necessary.

1. Di chi è quest'ombrello? (Antonio)
2. Di chi è questa giacca? (Teresa)
3. Di chi è quest'orologio? (il Sig. Tesone)
4. Di chi è questa borsa? (la Sig.na Rizzo)
5. Di chi è questo libro? (mio)
6. Di chi è questa casa? (mio)
7. Di chi sono queste scarpe? (mio)
8. Di chi sono questi sandali? (mio)
9. Di chi sono queste auto? (i miei genitori)
10. Di chi sono questi dischi? (Roberto)

VOCABOLARIO

Di chi è ...?   *Whose ... is ...?*   l'impermeabile   *raincoat*
Di chi sono ...?   *Whose ... are ...?*   lo zaino   *backpack*
  mio, mia   *mine*   la macchina   *car*
  miei, mie   *mine*   l'auto (f.)   *car*
questa / questo   *this*   questi / queste   *these*
quel, quell' (m. & f.), quello, quella   *that*
quei, quelle, quegli   *those*

PRATICA SCRITTA

Write and answer the questions of the **Pratica di conversazione**, numbers 1–10.

Aim 5   *Each student will be able to ask a peer and an adult questions related to shopping for clothes*

PRATICA ORALE

1a. **Gianni:** Ti piace fare acquisti?
  Giuseppe: Non mi piace fare acquisti.
  Gianni: Perché no?
  Giuseppe: Perché non ho soldi.

2a. **Gianni:** Con chi fai acquisti?
  Giuseppe: A volte faccio acquisti con la mia amica ed altre volte vado da solo.

3a. **Gianni:** Quando vai ai negozi?
  Giuseppe: Vado ai negozi durante il weekend o in un giorno festivo.

4a. **Gianni:** Come vai ai negozi?
  Giuseppe: Vado a piedi.

5a. **Gianni:** Dove compri gli abiti?
  Giuseppe: Compro gli abiti nei negozi del mio vicinato.

6a. **Gianni:** Perché fai acquisti lì?
  Giuseppe: Faccio acquisti lì perché spendo poco e ci sono molti saldi.

1b. **Anna:** Le piace fare acquisti?
Sig.na Tesone: Sì, molto.
Anna: Cosa Le piace comprare?
Sig.na Tesone: Mi piace comprare
abiti per uscire e per andare
al lavoro.

2b. **Anna:** Con chi va ai negozi Lei?
Sig.na Tesone: Vado da sola o con
il mio fidanzato.

3b. **Anna:** Quando fa acquisti Lei?
Sig.na Tesone: Faccio acquisti
quando ho tempo ed ho soldi.

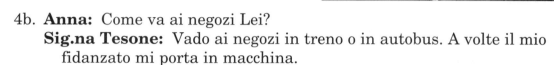

4b. **Anna:** Come va ai negozi Lei?
Sig.na Tesone: Vado ai negozi in treno o in autobus. A volte il mio
fidanzato mi porta in macchina.

5b. **Anna:** Dove compra gli abiti Lei?
Sig.na Tesone: Compro gli abiti nei grandi magazzini del centro.

6b. **Anna:** Perché va lì?
Sig.na Tesone: Vado lì perché c'è un grande assortimento nei
magazzini. Mi piace anche pranzare nei ristoranti del centro.

▰▰▰ PRATICA DI CONVERSAZIONE ▰▰▰

1a. Ti piace fare acquisti?
2a. Se non ti piace, perché no? Se ti
piace, cosa ti piace comprare?
3a. Con chi vai ai negozi?
4a. Quando fai acquisti?
5a. Come vai ai negozi?
6a. Dove compri gli abiti?
7a. Perché vai lì?

1b. Le piace fare acquisti?
2b. Se non Le piace, perché no? Se Le
piace, cosa Le piace comprare?
3b. Con chi va ai negozi Lei?
4b. Quando fa acquisti Lei?
5b. Come va ai negozi Lei?
6b. Dove compra gli abiti Lei?
7b. Perché va lì?

▰▰▰ PRATICA DI COMPRENSIONE ▰▰▰

Your teacher will ask you a few questions related to shopping. After the
second repetition, answer each question with a complete sentence in Italian.

Vocabolario

Ti piace fare acquisti? / Ti piace andare ai negozi?
>   *Do you like to go shopping?*
>   Perché no?   *Why not?*
>   Perché non ho soldi.   *Because I don't have money.*
>   Cosa ti piace comprare? / Cosa Le piace comprare?
>   *What do you like to buy?*
>   Mi piace comprare abiti per uscire e per andare al lavoro.
>   *... clothes to go out and to work*

Con chi vai ai negozi? / Con chi va Lei ai negozi?   *With whom ...?*
>   Vado ai negozi da solo(a).   *I go shopping alone.*
>   Vado ai negozi con il mio fidanzato.   *... with my steady boyfriend.*
>   ... con la mia fidanzata.   *with my steady girlfriend*
Quando fai gli acquisti? / Quando fa gli acquisti Lei ...?   *When ...?*
>   durante il weekend   *during the weekend*
>   durante un giorno festivo   *during a holiday*
>   quando ho tempo   *when I have time*
>   quando ho soldi   *when I have money*
>   quando ci sono molti saldi   *when there are many sales*
>   quando ci sono molti svendite   *when there are many sales*

Come vai ai negozi? / Come va Lei ...?   *How do you go to stores?*
>   Vado ai negozi in autobus.   *by bus*
>   in treno   *by train*
>   in macchina   *by car*
>   Vado a piedi.   *I walk.*
>   A volte il mio fidanzato mi porta.   *Sometimes my boyfriend takes me.*
>   ...la mia fidanzata...   *...my girlfriend...*
Dove compri gli abiti? / Dove compra Lei ...?   *Where do you buy clothes?*
>   nei negozi del mio vicinato   *in the stores of my neighborhood*
>   nei grandi magazzini del centro
>   *in the large department stores downtown*
Perché vai lì? / Perché va lì?   *Why do you go there?*
>   ... perché ci sono molti saldi.   *...because there are many sales.*
>   ... perché c'è un grande assortimento.
>   *... because there is a great selection.*
>   ... perché ci sono i prezzi bassi. / ... perché si vende a buon mercato.
>   *... because the prices are low.*
>   ... perché i prezzi non sono cari.
>   *... because the prices are not expensive.*

══════ **ATTIVITÀ** ══════════════════════════

Your friend from Italy has come to visit you. S/he likes to go shopping for clothes and therefore asks you a few questions about your customs.

Tell him/her ...

1. ... if you like to go shopping for clothes and what you like to buy.
   ... if you don't like to go shopping for clothes and why.
2. ... with whom you go shopping.
3. ... when you go shopping.
4. ... how you go to the stores.
5. ... where you buy your clothes (type of store).
6. ... two reasons you buy your clothes there.

Aim 6a *Each student will be able to read the dialogue "Fare acquisti" and demonstrate comprehension by answering a series of questions*

══════ **LETTURA: PARTE I** ══════════════════

È venerdì pomeriggio. Anna, la giovane americana, domanda alla sua amica italiana, Elena, se vuole andare a fare acquisti. Elena dice di sì. Le due ragazze decidono di andare alla Rinascente, uno dei più grandi magazzini di Roma.

1. **Anna:** A proposito, che ora è?
2. **Elena:** Sono le quattro e mezzo.
3. **Anna:** Non ho lezioni questo pomeriggio. E tu?
4. **Elena:** Nemmeno io.

5. **Anna:** Che fortuna! Perché non andiamo a fare acquisti? Ho bisogno di comprare un vestito per il matrimonio di Carmela.
6. **Elena:** Chi è Carmela? Io non la conosco.
7. **Anna:** È la figlia maggiore della famiglia italiana con cui abito. Lei si sposa fra due mesi.
8. **Elena:** Ho una buona idea! Andiamo alla Rinascente. C'è un buon assortimento di abiti lì e ci sono anche molti saldi ora. Io ti posso aiutare. Mi piace fare acquisti. Vuoi andare a piedi o prendere l'autobus?
9. **Anna:** Non è molto lontano, andiamo a piedi. Ho bisogno di dimagrire e l'esercizio mi fa bene.

❑ *Comprensione della lettura: Vero o Falso*
    If the statement is true, write *Vero* and copy the statement. If the statement is false, write *Falso* and rewrite the statement, **correcting the bold portion.**

1. Anna ed Elena non hanno lezioni **questa mattina.**
2. Anna vuole andare ai negozi perché ha bisogno di **una camicetta.**
3. **Elena** si sposa fra due mesi.
4. Elena dice che **ci sono molti saldi** ora alla Rinascente.
5. Anna ed Elena decidono di **prendere l'autobus.**

❑ *Vocabolario della lettura:*
domandare   *to ask a question*
Lui (Lei) **dice** di sì.   **...** *says yes.*
1. a proposito   *by the way*
3. questa mattina   *this morning* / questo pomeriggio   *this afternoon*
   di mattina   *in the morning* / di pomeriggio   *in the afternoon*
4. Nemmeno io.   *Neither do I.*
5. Che fortuna!   *What luck!*
   aver bisogno di   *to need* / Io ho bisogno di ...   *I need ...*
   ... per il matrimonio di Carmela   *... for Carmela's wedding*
6. Io non **la** conosco.   *I don't know **her.***
   Io non **lo** conosco.   *I don't know **him.***
7. la figlia **maggiore**   *the **oldest** daughter*
   la figlia **minore**   *the **youngest** daughter*   con cui   *with whom*
   ... si sposa   *... is getting married*
8. Andiamo a...   *Let's go to...*   Ti posso aiutare.   *I can help you.*
   Mi piace molto ...   *I love to ...*   prendere l'autobus   *to take the bus*
9. **Andiamo** a piedi.   ***Let's** walk.*
   dimagrire   *to lose weight*

❏ *Functions of language:*

1. Somebody tells you that s/he doesn't want to do a particular activity. How would you say "Neither do I."?
2. Somebody tells you some good news about himself/herself. How would you say "What luck!" or "How lucky!"?
3. Someone asks you if you know his friend. Respond "I don't know him." Someone asks you if you know her friend. Respond "I don't know her."
4. How would you say to somebody that you have a good idea?
5. How would you tell somebody that you like to ... (do an activity)?
   a. I like to eat.
   b. I like to go shopping.
6. How would you tell somebody that ...
   a. ... you need to buy clothes?
   b. ... you need to rest?
   c. ... you need to work?
   d. ... you need to lose weight?

LETTURA: PARTE II

Le due ragazze vanno a piedi alla Rinascente che si trova in Piazza Colonna.

10. **Elena:** Scusi, mi può dire a quale piano si vendono abiti da signorina.
11. **Commessa:** Certo, al secondo piano.
12. **Elena:** Mi può dire dov'è l'ascensore?
13. **Commessa:** Vada sempre dritto. È lì in fondo.
14. **Anna:** Ci sono molte persone in questo magazzino oggi.
15. **Elena:** Hai ragione. Guarda! Ecco i vestiti. Vediamo se riesci a trovare un vestito elegante ed a buon mercato.
16. **Anna:** Accipicchia! Elena.

17. **Elena:** Cos'è successo?
18. **Anna:** Non posso comprare niente oggi. Non ho abbastanza soldi.
19. **Elena:** Non ti preoccupare! Ho la carta di credito di mio padre.
20. **Anna:** Ti ringrazio, Elena. L'apprezzo molto.

❏ *Comprensione della lettura: Vero o Falso*

If the statement is true, write *Vero* and copy the statement. If the statement is false, write *Falso* and rewrite the statement, **correcting the bold portion.**

6. Gli abiti da signorina sono al **primo** piano.
7. L'ascensore è **a destra.**
8. Ci sono **poche** persone nel magazzino oggi.
9. Anna dice che non può comprare niente oggi perché **non ha abbastanza soldi.**
10. Elena risponde che non c'è problema perché ha **la carta di credito di suo papà.**

❏ *Vocabolario della lettura*

che si trova ...   *which is situated ... / which is found ...*
10.   A quale piano...?   *On what floor ...? (refer to Unit VII, Aim V)*
        abiti da signorina   *... young ladies' clothing*
11.   la/il commessa(o)   *salesperson*
12.   Mi può dire...?   *Can you tell me...?*
        l'ascensore   *the elevator*
13.   Vada sempre dritto. *Go straight ahead.*
        È lì in fondo.   *It's in the back.*
15.   Hai ragione.   *You are right.*
        Guarda!   *Look!*
        Ecco i vestiti.   *Here are the dresses.*
        Vediamo...   *Let's see...*
        se riesci a trovare   *if you can find*
16.   Accipicchia!   *Darn it!*
17.   Cos'è successo?   *What's the matter?*
18.   niente   *anything, nothing*
        abbastanza soldi   *enough money*
19.   Non ti preoccupare!   *Don't worry!*
        la carta di credito   *the credit card*
20.   Ti ringrazio.   *I thank you.*
        L'apprezzo molto.   *I appreciate it.*
        poche persone   *few people*

❑ *Functions of language:*

7. How would you tell somebody that s/he is right?
8. How would you tell a friend not to worry?
9. How would you ask a friend "What's the matter?"
10. How would you tell a friend that you appreciate something s/he did?
11. What would you say to a friend to have him/her look at something you are pointing out?
12. What expression would you use to indicate surprise or shock?
13. What would you ask a salesperson to find out some information?
14. How would you ask where something is located?
15. How would you tell a person to "Go straight ahead."?

Aim 6b *Each student will be able to read the dialogue "Come posso aiutarLa?" and demonstrate his/her comprehension by answering a series of questions*

▰▰▰ LETTURA ▰▰▰▰▰▰▰▰▰▰▰▰▰▰▰▰▰▰

Anna ed Elena hanno bisogno di aiuto e cercano una commessa.

1. **Commessa:** Signorina, desidera?
2. **Anna:** Vorrei comprare un vestito elegante.
3. **Commessa:** Che tipo di vestito desidera?
4. **Anna:** È per un matrimonio.
5. **Commessa:** Abbiamo un grande assortimento. ~~Quale misura usa Lei?~~ *Che taglia porti?*

6. **Anna:** Uso la 42.
7. **Commessa:** Di che colore?
8. **Anna:** Azzurro, per piacere.

(La commessa porta un vestito.)

9. **Anna:** Elena, che ti pare?
10. **Elena:** È molto bello.

(Anna prova il vestito.)

11. **Anna:** Mi piace molto.
12. **Elena:** Quanto costa?
13. **Commessa:** Costa 157.500 lire.
14. **Elena:** Il prezzo non è caro.
15. **Anna:** Un momento. Ho la calcolatrice. 157.500 lire diviso da 1.500 sono 105 dollari. Va bene. Lo compro.
16. **Commessa:** Desidera altro?
17. **Anna:** No, niente di più, grazie.
18. **Commessa:** Paga in contanti o con la carta di credito?
19. **Anna:** Con la carta di credito.
20. **Anna:** Elena, grazie del tuo aiuto. Hai bisogno di comprare qualcosa?
21. **Elena:** No, non ho bisogno di comprare niente. Andiamo a fare uno spuntino lì fuori.
22. **Anna:** Buon'idea. Adesso ho fame.

Sizes:	Women's dresses and suits					Men's suits and coats				
Europe:	42	44	46	48	50	46	48	50	52	54
USA:	8	10	12	14	16	36	38	40	42	44

❑ *Comprensione della lettura*

1. Chi cercano Anna ed Elena?
2. Che tipo di vestito vuole comprare Anna?
3. Quale misura usa Anna?
4. Di che colore vuole il vestito Anna?
5. Com'è il vestito?
6. Ad Anna piace il vestito?
7. Quanto costa il vestito?
8. Decide di comprare il vestito Anna?
9. Come paga il vestito Anna?
10. Vuole qualche altra cosa Anna?
11. Ha bisogno di comprare qualcosa Elena?
12. Cosa fanno Anna ed Elena dopo che sono uscite dal magazzino?

VOCABOLARIO

l'aiuto   *help*
cercare   *to look for*
il commesso   *salesman*
la commessa   *saleswoman*

1. Desidera?   *What would you like?*
   Vorrei comprare ...   *I would like to buy ...*
   Desidero comprare ...   *I wish to buy ...*
3. Che tipo di ...?   *What kind of ...?*
4. È per ...   *It is for ...*
5. Quale misura usa Lei.?
      What size do you wear?
   Uso la ...   *I wear size ...*
8.   ... porta ...   *... brings ...*
9. Che ti pare?   *What do you think?*
10. Lui/Lei **prova ...**   **... tries on ...**
12. Quanto costa?
      How much does it cost?
   Costa ...   *It costs ...*
14. Il prezzo non è caro (alto).   *The price is not expensive.*
15. Un momento.   *One moment.*
   diviso ...   *divided by ...*
   Va bene.   *It's fine. / It's okay.*
   Lo compro.   *I'll buy **it**.;* **un** vestit**o**, **un** cappott**o**
   La compro.   *I'll buy **it**.;* **una** cravatt**a**, **una** camicett**a**
16. Desidera **altro**?   *Do you want **something else**?*
      Niente più.   **Nothing** *else.*
18. Paga ...?   *Are you going to pay ...?*
   in contanti   *in cash*
   con la carta di credito   *with a credit card*
20. Grazie del ...   *Thanks for ...*
   Hai bisogno di comprare qualcosa?   *Do you need to buy something?*
21. Andiamo a fare uno spuntino.   *Let's have a snack.*
   Lì fuori.   *Out there.*
22. Adesso ho fame.   *Now I'm hungry.*

 **Aim 7** *Each student will be able to buy an article of clothing in a store*

==ATTIVITÀ 1==

The class is divided into groups of two. One student plays the role of the salesperson and the other is the customer. You are in a department store in Rome called *La Rinascente.*

1. The salesperson asks the customer how s/he can help him/her.
2. The customer says that he wants to buy a shirt or a suit.
    The customer says that she wants to buy a suit or a coat.
3. The salesperson asks what kind of ..... s/he is looking for. The customer responds.
4. The salesperson asks what size s/he takes. The customer responds.
5. The salesperson asks what color s/he desires. The customer responds.
    (The salesperson brings the article of clothing requested.)
6. The customer responds that it is pretty and that s/he likes it very much.
7. The customer asks how much it costs.
8. The salesperson responds that it costs *"... lire."*
9. The customer states that the price is not expensive and that s/he will buy it.
10. The salesperson asks if s/he wants something else.
11. The customer responds "Nothing else, thank you."
12. The salesperson asks if s/he is going to pay in cash or with a credit card. The customer responds.

Note:
Sizes: Men's shirts

Italy:	36	37	38	39	40	41	42	43
USA:	14	14½	15	15½	16	16½	17	17½

Bank exchange rate (varies daily): $1.00 = 1687 lire.

==ATTIVITÀ 2==

This same activity is repeated with students changing roles. This customer wants to buy a different article of clothing than the first customer.

Shopping is a favorite activity in Italy, where stores, or
boutiques, are still more common than large department
stores. Big or little, though, every store takes care with
its display, which makes window shopping as serious
a pastime as purchasing.

MEZZI DI TRASPORTO

L'italia e la sua geografia
Una passeggiata per Roma
Viaggiare in Roma e sulla metropolitana
L'orologio di 24 ore
Viaggiare sulla Ferrovia Statale

□ **Topics**

Italy and its geography • A stroll through Rome
Travel in Rome and on the *metropolitana* • The 24-hour clock
Travel by railroad (F.S.)

□ **Situation**

Interaction with individual peers and adults

□ **Function**

Providing and obtaining information about travel
Expressing personal feelings
Suggesting a course of action, socializing

□ **Proficiency**

Can comprehend simple statements and questions
Can ask questions appropriate to the communicative situation
Can understand some aspects of Italian culture
Can ride the *metropolitana* and can purchase a railroad ticket

☐ **AIM 1**

By identifying cognates and answering questions, each student will be able to demonstrate his/her comprehension of a reading about Italy and its geography

☐ **AIM 2**

Each student will be able to identify some of the places visited by a *"romano,"* (a resident of Rome) or a visitor to the capital

☐ **AIM 3A**

Each student will be able to read a dialogue about transportation in Rome and demonstrate comprehension

☐ **AIM 3B**

Each student will be able to read a dialogue about traveling on the *metropolitana* and demonstrate comprehension

☐ **AIM 3C**

Each student will be able to use the map of Rome's *metropolitana* to visit the places of interest of his/her choice

☐ **AIM 4**

Each student will be able to use the 24-hour clock in order to understand and read a railroad time schedule

☐ **AIM 5**

Each student will be able to ask directions to travel by bus and be able to buy a railroad ticket

By identifying cognates and answering questions, each student will be able to demonstrate his/her comprehension of a reading about Italy and its geography

LETTURA

1   L'Italia è un paese nel continente dell'Europa. L'Italia è circondata
2   da quattro paesi europei. All'ovest c'è la Francia, al nord ci sono la
3   Svizzera e l'Austria ed all'est c'è la Slovenia. L'Italia è circondata ai
4   tre lati dal mare. Al lato nord-ovest c'è il Mare Ligure, all'ovest c'è il
5   Mare Tirreno, al sud, sotto l'arco dello stivale, c'è il Mare Ionio ed al
6   lato est c'è il Mare Adriatico. Ci sono anche molte isole che fanno parte
7   dell'Italia. Alcune sono piccolissime, mentre delle altre sono molto grandi.
8   Le due isole più grandi sono la Sardegna e la Sicilia che si trovano

9 nel Mare Tirreno. Altre isole importanti sono l'Isola d'Elba, Ischia
10 e Capri.

11 L'Italia è un paese montagnoso. Ci sono due catene di montagne.
12 Al nord ci sono le Alpi che separano l'Italia dal continente dell'Europa,
13 e dal nord al sud ci sono gli Appennini. Il Monte Bianco, che si
14 trova nelle Alpi tra l'Italia e la Francia, è la cima più alta d'Europa.

15 L'Italia ha molti fiumi. I quattro più importanti sono il Po, che
16 attraversa le regioni del Piemonte, la Lombardia ed il Veneto e poi
17 sbocca nel Mare Adriatico; è il fiume più lungo d'Italia. Nell'Adriatico
18 sbocca anche il Fiume Adige che passa per il Trentino e per il Veneto.
19 Il Tevere, che passa per Roma, attraversa il Lazio ed anche
20 l'Umbria e poi sbocca nel Mare Tirreno. L'Arno, che attraversa sola-
21 mente una regione, la Toscana, passa per le città di Pisa e di Firenze
22 e sbocca nel Mare Tirreno.

23 Il clima dell'Italia è variabile dal nord al sud. Al nord c'è molta
24 neve sulle montagne. L'inverno è molto freddo. Nel centro della
25 penisola il clima è mite e raramente si vede la neve in pianura. Invece,
26 ci sono lunghi periodi di pioggia da novembre a gennaio. Nel sud la
27 temperatura si potrebbe paragonare a quella della Florida o della
28 California. La temperatura raramente scende a zero gradi centigradi
29 (32 gradi Fahrenheit).

30 L'Italia ha una superficie di 301.245 chilometri quadrati [*square*
31 *kilometers*] che è come il 75 per cento della superficie della
32 California. La sua popolazione è di 57.439.000 abitanti. Roma, la cap-
33 itale del paese, è situata al centro-ovest del paese ed ha circa tre
34 milioni di abitanti. Altre città principali che hanno più di un milione di
35 abitanti sono Milano, che è situata a nord (ed è considerata la
36 capitale del commercio e dell'industria italiana), Torino e Napoli.
37 Genova, Venezia, Padova, Bologna, Firenze, Napoli, Bari, Palermo e
38 Messina superano i 200.000 abitanti.

❑ *Vocabolario della lettura:*

1. paese   *country, nation*   è circondata   *is surrounded*
2. all'ovest   *to the west*   al nord   *to the north*
3. all'est   *to the east*
4. lati   *sides*   nord-ovest   *northwest*
5. al sud   *to the south*
   sotto l'arco dello stivale   *under the arch of the boot*
6. isole   *islands*
7. alcune   *some*   piccolissimo(a)   *very small*
8. si trovano   *are found*   più   *more, most*
11. montagnoso(a)   *mountainous*
    catene di montagne   *mountain ranges*
13. che si trova   *which is found*
14. tra   *between*   cima   *peak*   più alta   *tallest*
15. fiumi   *rivers*
16. attraversa   *crosses*   regioni   *regions*
17. sbocca   *empties, flows out*
18. passa per   *passes through*
20. solamente   *only*
25. mite   *mild*   si vede la neve   *snow is seen*
    raramente in pianura   *rarely on the plain*   invece   *instead*
26. pioggia   *rain*
27. si potrebbe   *one (you) could*   paragonare   *compare*
28. raramente scende   *rarely falls*
30. superficie   *surface, area*
33. circa   *about*

❑ *Comprensione della lettura:*

I.   What are cognates?

Cognates are words that look alike and have similar meanings in two languages. We can expect to find many cognates in Italian and English because of their common heritage, Latin. Recognizing cognates can help us to read. When we read we have to look up some words in the dictionary, while other words can be figured out because of their resemblance to English or by contextual clues.

Many of the cognates in this reading have not been listed in the dictionary section (**Vocabolario della lettura**). Make a list of all the cognates you have found after reading the selection for the second time. List the line on which each is found and both English and Italian cognates. *Examples:*

	Italian	**English**
riga 1:	continente	continent
riga 2:	Europa	Europe

II. Choose the letter for the correct answer:

1. L'Italia è ...
   a. un continente   b. una città   c. un paese   d. un'isola

2. L'Italia è nel continente ...
   a. dell'Africa   b. del Nord America   c. dell'Asia   d. dell'Europa

3. Al nord dell'Italia c'è ...
   a. il Portogallo   b. la Svizzera   c. la Spagna   d. la Slovenia

4. All'est dell'Italia c'è ...
   a. il Mare Tirreno   c. l'Oceano Atlantico
   b. il Mare Ionio   d. il Mare Adriatico

5. Il Mare Ionio si trova ...
   a. al nord   b. al nord-ovest   c. al sud   d. all'est

6. All'ovest dell'Italia c'è ...
   a. la Svizzera   b. l'Austria   c. la Francia   d. l'Inghilterra

7. La Sicilia e la Sardegna si trovano nel ...
   a. Mare Tirreno   c. Mare Adriatico
   b. Mare Ionio   d. Mare Ligure

Italy is a member of the European Economic Community.

8. Le Alpi sono ... che separano l'Italia dal resto dell'Europa.
   a. gli oceani   b. le isole   c. i fiumi   d. le montagne

9. Il fiume più lungo dell'Italia è ...
   a. il Tevere   b. il Po   c. l'Adige   d. l'Arno

10. Due dei quattro fiumi più importanti dell'Italia sboccano nel ...
    a. Mare Ionio   c. Mare Ligure
    b. Mare Tirreno   d. Mare Adriatico

11. In Italia il tempo è più caldo tutto l'anno ...
    a. nell'ovest   b. nell'est   c. nel sud   d. nel nord

12. La capitale d'Italia è ...
    a. Roma   b. Milano   c. Firenze   d. Bari

13. La capitale d'Italia è nel ... del paese.
    a. nord   b. centro   c. nord-ovest   d. sud

14. Il fiume che passa per Firenze ed anche Pisa è ...
    a. il Po   b. il Tevere   c. l'Arno   d. l'Adige

15. Una città del nord che è considerata la capitale del commercio e
    dell'industria italiana è ...
    a. Roma   b. Milano   c. Venezia   d. Firenze

III. Riassunto

1. Cos'è l'Italia?
2. In quale continente è l'Italia?
3. Quali paesi sono situati al nord dell'Italia?
4. Dov'è la Francia?
5. Dov'è la Slovenia?
6. Quale mare è all'est dell'Italia?
7. Come si chiamano le due isole più grandi dell'Italia?
8. Quali sono altre isole importanti che fanno parte dell'Italia?
9. Come si chiamano le montagne che separano l'Italia
   dal resto dell'Europa?
10. Qual'è la capitale d'Italia?
11. Dov'è situata la capitale d'Italia?
12. Qual è la capitale industriale d'Italia?

IV. Domande chiave

The geography of a country affects not only its history but the way people live and spend their leisure time.

1. Italy is a very mountainous country. Mountains cover 80% of its surface. What sport do you think would be popular, especially in the winter because of the presence of many mountains?

2. Except for the borders shared with France, Switzerland, Austria and Slovenia, Italy is bordered everywhere by water, with 3,105 miles of coastline along the Peninsula. What do you think is found along the Italian coasts? What recreational activity attracts not only millions of foreign tourists but also a large number of Italians to its extensive shores?

Sestri, on the Italian Riviera

 **Aim 2**

Each student will be able to identify some of the places that a "Romano" (a resident of Rome) or a visitor to the capital might visit

Basilica di S. Pietro

Cappella Sistina

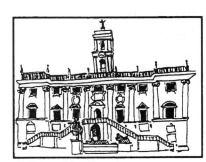

Il Campidoglio

Castel S. Angelo

Foro Romano

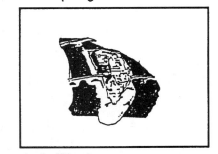

Isola Tiberina

Il Colosseo

Il Pantheon

Fontana di Trevi

Villa Borghese

Piazza di Spagna

La Pietà

PRATICA DI CONVERSAZIONE

Many American high schools and colleges throughout the United States have academic programs in many cities of Italy for a summer, a term, or for the entire academic year. Anna is one of the American high school students who is participating in a program in Rome. During her stay in Rome she visits many places of interest. In the following peer practice partners take turns asking one another the name of the place Anna visits (represented by the symbol given) on a particular day and date as recorded in her diary.

1. Dov'è Anna venerdì, 6 settembre?
   (Il venerdì, 6 settembre, Anna è al Foro Romano.)

2. Dov'è Anna martedì, 15 ottobre?

3. Dov'è Anna mercoledì, 20 novembre?

4. Dov'è Anna martedì, 24 dicembre?

5. Dov'è Anna lunedì, 13 gennaio?

6. Dov'è Anna domenica, 9 febbraio?

7. Dov'è Anna giovedì, 27 marzo?

8. Dov'è Anna venerdì, 11 aprile?

9. Dov'è Anna domenica, 18 maggio?

10. Dov'è Anna sabato, 14 giugno?

11. Dov'è Anna giovedì, 31 luglio?

12. Dov'è Anna venerdì, il primo di agosto?

A stroll through Rome.

This is an opportunity for your Italian teacher to take you on a walk through Rome. The places that you will visit along your route are described in pictures and captions on the following pages.

Basilica di San Pietro – This is the largest of the Christian churches. It was begun in 1452 on the site of a church built by the Roman Emperor Constantine in the 4th century. The church took over 200 years to build. Some of the famous masters who worked on its design were Michelangelo, Raffaello, Bramante and Bernini. Most recently, a new audience hall was built for the Pope which was designed by the 20th century architect Pier Luigi Nervi. The audience hall seats 7,000 people and is called *Aula Paolo VI.*

La Pietà – As one enters the Basilica of Saint Peter's in the Vatican, to the right is the Chapel of the Pietà. This chapel holds one of Michelangelo's most famous works, *La Pietà,* a statue of the dead Christ in the arms of his mother. It was sculpted when Michelangelo was only 24 years old and at a time in his life when he practiced Realism.

Several years ago this masterpiece was vandalized with a hammer, battering the Madonna's stone arm, the folded veil, her left eyelid and her nose. The *Pietà* is now restored and is protected by a wall of reinforced glass.

Il Pantheon on the Via Palombella is one of the best-preserved monuments of Ancient Rome. Constructed by Emperor Hadrian as a temple, the construction is of brick and green marble. In the center of its domed ceiling is a nine meter opening, and the floor is gradually sloped toward the center where drains would catch the rainwater. The opening is now covered by glass. At one time bronze tiles covered the interior. Many were melted down and used in making the columns of the high altar of the Basilica of San Pietro in the Vatican.

Castel Sant'Angelo (Hadrian's Tomb) is an immense fortress that was erected as a tomb for the Roman Emperor Hadrian. During the Middle Ages, the fortress was linked to the Vatican by a secret underground passage and was used by the popes to escape the Vatican. In the 14th century it became a residence of the Pope.

Today it is a military and art museum displaying the history of Rome along with a selection of arms and armaments from the Middle Ages. Its name has been changed from Hadrian's Tomb to *Castel Sant'Angelo* because of the angel placed atop the fortress.

Isola Tiberina is a boat-shaped island on the Tiber River near the Teatro Marcello. To further enhance the illusion of a boat, the Romans built a stone bow at one end of the island and erected an obelisk that resembles a mast. The island can be reached via the *Ponte Fabricio,* the oldest bridge in Rome.

The *Cappella Sistina* is behind the Basilica di San Pietro and may be entered from the *Musei Vaticani.* This famous chapel is lavishly decorated with fine frescoes. Pope Julius II commanded Michelangelo to paint the ceiling, a task that took him four years. Michelangelo painted four panels from the Book of Genesis, and behind the main altar painted his *Last Judgement.* Upon the death of a Pope, the cardinals from the entire Catholic world gather in this chapel to select a new Pope.

Il Campidoglio is one of the seven hills of Rome. It holds the *Piazza del Campidoglio,* designed by Michelangelo. This is considered the most sacred of all the hills because a temple to Jupiter once stood on this spot. In the summer, this large piazza is now used by Romans for open air concerts with musicians from all over the world.

Fontana di Trevi – This is among the most impressive of the many fountains of Rome. Because many of the fountains of this city were built during the Baroque period, they are very elaborate. Designed by Nicholas Salvi in 1762, here Neptune towers over the falling water. It is a tradition that you visit this fountain and throw one coin over your shoulder to insure your return to Rome.

Foro Romano – The Roman forum was the center of public life in ancient Rome. When the *Tribunes* (Roman officials who protected the common people of Rome) wanted to speak to the people, they would gather at the Forum. Every stone in the Forum is charged with history. Here was the Senate House where Cicero spoke, and it was here that Julius Caesar was assassinated. Some of the numerous monuments that can be found in the forum are the **Tomb of Romulus**, the **Arch of Septimius Severus**, the **Temple of Vesta**, the **Arch of Titus** and the **Curia**, where the Senate met.

Villa Borghese – Once a private Villa, the Villa Borghese is today one of the finest parks of Rome. One of the entrances faces *Porta Pinciana* at the end of the Via Veneto. No private automobile traffic is permitted, but near the entrance is the largest underground garage in Rome. Inside the park, rich with temples, statues, fountains and a zoo, are the *Borghese Gallery* and *Museum*. The gallery holds some of the finest paintings in Rome, and artists represented include Bernini, Canova, Caravaggio and Tiziano. The *Pincio*, a terrace surrounded by exquisite botanical gardens, was created by the architect Giuseppe Valadier.

Piazza di Spagna – The Spanish Steps is named for the former Spanish Embassy that used to have its headquarters here. Lined with azaleas in springtime, this is one of the most photographed sights of Rome. At the foot of the steps is a nautically shaped fountain that was designed by Pietro Bernini, father of the famous Baroque architect Giovanni Lorenzo Bernini. At the top is the 16th century church *Trinita dei Monti* which was built by the French.

The famous poet **Keats** lived the last years of his life in an apartment overlooking the steps. Today the Piazza is very popular with the "chic" crowd because of the many exclusive shops along the nearby *Via Condotti*. Young people are attracted to the Piazza as well; only a few steps away is the first *McDonald's* restaurant in Italy.

Il Colosseo – The Coloseum was begun about 72 A.D. and completed in the year 80. It is one of the best preserved and perhaps the best-known structure remaining from Ancient Rome. In ancient Rome it was capable of holding 50,000 people, who cheered contests between gladiators. When flooded, mock naval battles were held. Built of stone, marble, bricks and cement, the structure was ruined by Barbarians and earthquakes. Many of the materials of this magnificent structure were later used in the construction of various churches and palaces of Rome. Nearby is *L'arco di Costantino*, one of the better-preserved monuments of Ancient Rome. This famous arch was built in 315 A.D. to celebrate a military victory.

=====**PRATICA SCRITTA**=====

Follow the examples given to answer questions 1–10 that follow.

Q: Quando Lei è a Roma, dove va per vedere un bel parco?
A: Vado a Villa Borghese per vedere un bel parco.

Q: Quando sei a Roma, dove va per vedere un lavoro di Michelangelo?
A: Vado al Campidoglio per vedere un lavoro di Michelangelo.

Note: Remember that when the preposition "*a*" is followed by a definite article, the combinations are as follows:

M. singular	M. plural	F. singular	F. plural
a + il = al	a + i = ai	a + la = alla	a + le = alle
a + lo = allo	a + gli = agli	a + l' = all'	
a + l' = all'			

1. Quando Lei è a Roma, dove va per vedere l'arte?
2. Quando Lei è a Roma, dove va per vedere una partita di calcio?
3. Quando Lei è a Roma, dove va per vedere un'opera?
4. Quando Lei è a Roma, dove va per prendere un aereo?
5. Quando Lei è a Roma, dove va per fare una telefonata?
6. Quando sei a Roma, dove vai per vedere una bella piazza?
7. Quando sei a Roma, dove vai per vedere il Papa?
8. Quando sei a Roma, dove vai per vedere un film?
9. Quando sei a Roma, dove vai per comprare i francobolli?
10. Quando sei a Roma, dove vai per ascoltare una messa?

=====**VOCABOLARIO**=====

l'aeroporto *airport*
la banca *bank*
la biblioteca *library*
la cattedrale / basilica *cathedral*
il cinema *movie theater*
l'ufficio postale *post office*
lo stadio *stadium*
l'ospedale *hospital*
l'albergo / l'hotel *hotel*
lo zoo *zoo*

il museo *museum*
il palazzo *palace*
il parco *park*
la piazza *public square*
l'opera *opera*
il teatro *theater*
il teatro dell'opera *opera house*
il centralino telefonico
    telephone center

Dov'è lei/lui?   *Where is she/he?*
    Quando Lei è a Roma, dove va per ...?
    Quando sei a Roma, dove vai per ...?
      When you are in Rome, where do you go to ...?
      Quando sono a Roma vado a ...   *When I'm in Rome I go to ...*

per vedere un bel parco	*to see a pretty park*
per vedere una bella piazza	*to see a pretty plaza*
per vedere l'arte	*to see art*
per vedere una partita di calcio	*to see a soccer game*
per vedere una commedia o un dramma	*to see a comedy or drama*
per prendere un aereo	*to take the airplane*
per fare una telefonata	*to make a telephone call*
per vedere un'opera	*to see an opera*
per vedere un film	*to see a movie*
per vedere il monumento di ...	*to see the monument of ....*
per comprare i francobolli	*to buy stamps*
per ascoltare una messa	*to go to Mass*

VOCABOLARIO DI RIPASSO

i giorni della settimana
    lunedì, martedì, mercoledì,
    giovedì, venerdì, sabato
    e domenica

i mesi dell'anno
    gennaio, febbraio, marzo,
    aprile, maggio, giugno, luglio,
    agosto, settembre, ottobre,
    novembre e dicembre

Quando sono a Roma vado a
Castel Sant'Angelo per vedere l'arte.

Aim 3a *Each student will be able to read a dialogue about transportation in Rome and demonstrate comprehension by answering true-false questions*

LETTURA

Carlo, il fratello di Anna, arriva a Roma per passare due settimane con lei. Lui domanda all'impiegato dell'albergo come si può fare un giro per Roma.

1. **Carlo:** Mi scusi. Come si può fare un giro per Roma?

2. **Impiegato:** Se una persona non ha fretta ed il posto è vicino, si può andare a piedi.

3. **Carlo:** E se una persona ha fretta?

4. **Impiegato:** Se una persona ha fretta, la miglior cosa è prendere un tassì.

5. **Carlo:** Si può noleggiare un'auto?

6. **Impiegato:** Ma certo! Però, è molto caro e c'è molto traffico a Roma.

7. **Carlo:** E per andare a lavore o per visitare un posto d'interesse?

8. **Impiegato:** Per andare a lavoro è meglio prendere un autobus o la metropolitana.

9. **Carlo:** Cos'è la metropolitana?

10. **Impiegato:** La metropolitana è il mezzo di trasporto pubblico più rapido della capitale. Gli americani lo chiamano "subway." Lei vuole parlare inglese?

11. **Carlo:** No, signore. Sono qui per visitare mia sorella e per praticare l'italiano. Lavoro in una banca a Brooklyn dove devo parlare molto italiano.

12. **Impiegato:** Ecco a Lei una piantina della metropolitana. È molto facile viaggiare sulla metropolitana. Per ulteriori informazioni può andare ad un ufficio del turismo. Ci sono due uffici; uno alla Stazione Termini ed un altro in Via Parigi n. 11.

13. **Carlo:** Grazie mille, signore.

14. **Impiegato:** Non c'è di che.

❑ *Comprensione della lettura: Vero o Falso*

If the statement is true write *Vero* and copy the statement. If the statement is false, write *Falso* and rewrite the entire statement, **correcting the bold portion**.

1. Se una persona non ha fretta ed il posto è vicino, la persona può **prendere un tassì**.
2. Se una persona ha fretta, può **andare a piedi**.
3. Per andare a lavoro una persona può **prendere l'autobus**.
4. Per andare a lavoro è meglio **noleggiare una macchina**.
5. Il mezzo di trasporto pubblico più rapido è **la metropolitana**.
6. Carlo si trova a Roma per **andare a trovare sua sorella e per praticare l'italiano**.
7. Carlo deve parlare **il francese** nella banca dove lavora.
8. L'impiegato dice che è **difficile** viaggiare sulla metropolitana.
9. Carlo può ricevere ulteriori informazioni nell'**ufficio del turismo**.
10. Uno degli Uffici del Turismo è **lontano dalla** "Stazione Termini."

❑ *Vocabolario della lettura:*

l'autobus	*bus*	prendere l'autobus	*to take the bus*
la macchina / l'auto	*car*	prendere la macchina	*to take the car*
		noleggiare una macchina	*to rent a car*

la metropolitana	*subway*
il tassì / il taxi	*taxi*

arrivare	*to arrive*		
per ...	*in order to ...*		
passare	*to spend*		
domandare	*to ask*	chiedere	*to ask for*
l'impiegato	*the employee /receptionist*		

Come si può fare un giro per ...? ***How can one** get around in ...?*

1. Mi scusi. *Excuse me.*
2. Se una persona **non ha fretta** ... *If a person **is not in a hurry** ...*
   se il posto è **vicino** ... *if the place is **near** ...*
   lontano ... *far* ...

3. Se una persona **ha fretta** ...   *If a person **is in a hurry** ...*
4. La miglior cosa è ...   *The best thing is ...*
5. Si può noleggiare un'auto?   *Can you rent a car?*
6. Ma certo!   *Of course.*
7. per andare a lavoro   *to go to work*
    per visitare   *to visit*
8. È meglio ...   *It's best to ...*
10. il mezzo di trasporto   *means of transportation*
11. praticare   *to practice*
    dovere   *to have to, must*   io **devo**, tu **devi**, lui/lei **devi**
    noi **dobbiamo**, voi dovete, loro **devono**
    devo parlare   *I have to speak*
12. Ecco a Lei....   *Here is ... for you*
    una piantina della metropolitana   *a map of the subway*
    per **ulteriori** informazioni   *to obtain **more** information*
    può andare ...   *you can go ...*
    nella Stazione Termini   *in the railroad station (of Rome)*
14. Non c'è di che.   *You're welcome. / Think nothing of it.*
Domanda 8. lei/lui dice   *she / he says*

NOTA CULTURALE

Almost every city and town in Italy has a tourist office. Large cities like Rome have more than one branch. At the tourist office you can obtain a map of the city, a list of recommended hotels and restaurants and information about the entertainment available, such as the opera, theater performances, movies and the local bus and train services. Tourism is Italy's principal industry and much is done by the *Ente Nazionale Italiano del Turismo (E.N.I.T.)* to make the tourist feel welcome.

Each student will be able to read a dialogue about traveling on the metropolitana and demonstrate comprehension by answering true-false questions

LETTURA

Con la piantina della metropolitana in mano, Carlo decide di visitare l'ufficio del turismo per ricevere ulteriori informazioni su Roma. Siccome sua sorella ha lezioni durante il giorno, Carlo deve andare da solo a molti posti d'interesse. Lui esce sulla strada e domanda ad un uomo:

1. **Carlo:** Mi scusi, signore. Dov'è la stazione della metropolitana?

2. **Un signore:** Venga con me. Vado anch'io a prendere la metropolitana. Ecco l'entrata. Cerchi sempre il segnale che dice "metropolitana."

3. **Carlo:** Come si può andare alla Stazione Termini?

4. **Un signore:** Ha una piantina della metropolitana di Roma?

5. **Carlo:** Sì, eccola.

6. **Un signore:** Allora guardi. Ora Lei è alla fermata Magliana sulla Linea B, quella verde. Prenda questa linea che va verso Termini. Quella è l'ultima fermata. Lì scenda e segua i segnali della Stazione Termini. Va bene?

7. **Carlo:** Va bene. Mi sembra molto facile.

8. **Un signore:** Sì, è vero. A proposito, dove va Lei?

9. **Carlo:** Vado all'ufficio del turismo.

10. **Un signore:** Ah sì, questo si trova proprio all'entrata della stazione. Oppure, c'è un altro ufficio in Via Parigi, se per caso quello della Stazione Termini è chiuso.

11. **Carlo:** Mille grazie. Lei è molto gentile.

12. **Un signore:** Non c'è di che. Spero che si diverta a Roma!

13. **Carlo:** ArrivederLa. Grazie di nuovo del Suo aiuto.

❑ *Comprensione della lettura: Vero o Falso*

If the statement is true write *Vero* and copy the statement. If the statement is false, write *Falso* and rewrite the entire statement, **correcting the bold portion.**

1. Carlo deve andare da solo a molti posti d'interesse perché sua sorella **non si sente bene**.
2. Lui domanda ad **una signora** dove sta la stazione della metropolitana.
3. **Anche il signore** va a prendere la metropolitana.
4. Carlo ha **un giornale** in mano.
5. Ora Carlo è alla fermata che si chiama **Magliana**.
6. Lui **deve prendere un altro treno** per arrivare alla sua fermata.
7. Carlo deve uscire alla fermata **Termini**.
8. L'ufficio del turismo si trova in **Viale Manzoni**.
9. Carlo può andare anche all'ufficio **in Via Parigi**.
10. Carlo dice al signore, **"Mille grazie. Lei è molto gentile."**

❑ *Vocabolario della lettura:*

la piantina della metropolitana   *the map of the subway*
decide di   *decides to*
tanto che   *as, because*
deve ...   *has to ...*
esce sulla strada   *he goes into the street*
siccome   *since, as*
un uomo   *a man*

1. Dov'è ...?   *Where is ...?*
    la stazione   *the station*
2. Venga con me.   *Come with me.*
    il segnale   *the sign*
    cerchi ...   *look for ...*
    l'entrata   *entrance*
6. allora   *well*   ora   *now*
    guardi   *look*   la fermata   *the stop*
    linea   *line*   verso   *toward*
    prenda   *take*   segua   follow
    scenda   *get off*

7.   mi sembra...   *it seems to me...*   molto facile   *very easy*

8.   È vero.   *It's true.*

10.   proprio   *just, exactly*   oppure   *otherwise*
        se per caso...   *if in case...*   sia chiuso   *is closed*

11.   Lei è molto gentile.   *You are very kind.*

12.   Spero che si diverta.   *I hope you enjoy yourself.*

13.   di nuovo   *again*

NOTA CULTURALE

There are two subway lines in Rome, the A line and the B line. It was a painful task to dig these subway lines because the Romans would continually find old temples and famous statues as they worked underground. Now that the work has been completed, this system is by far the cheapest and quickest way of getting around Rome. The subway fare varies according to the distance one travels. Clean and reliable, the trains run every 15 minutes. The subway does not run all night long; it shuts down as early as 11:00 P.M. The rush hours are 7:30 A.M. to 9:00 A.M., 12:30 P.M. to 2:30 P.M. and 4:30 P.M. to 8:30 P.M. How many rush hours does Rome have? What Italian custom not found in American culture accounts for the third rush hour? Explain.

la metropolitana

Each student will be able to use the map of Rome's metropolitana to visit the places of interest of his / her choice

Let's review how to travel Rome's subway in preparation for your future trip to see the sights of Rome.

a.   To find the subway look for a sign that says "_____."

b.   Buy your ticket at the ticket window by saying *"Un biglietto per piacere!"*

c.   Insert your ticket in the opening in front of the machine. The machine will take your ticket, stamp it and slide it through to the other end where you will pick it up. Do not forget to take your ticket!

d.   Let's say you are at the Colosseo station and want to go to the Piazza di Spagna. You are on line _____. You decide to go in the direction of _____ (look for the last stop). You then get off at the station called "_____." To change lines you look for the sign that says "_____." To get to your destination, Spagna, you take line _____ in the direction of _____.

════════ **PRATICA DI CONVERSAZIONE** ════════

Now it is your turn to use the map of the metropolitana to get around Rome. In this exercise you will be given your present location by metropolitana station and the place you are to visit. (The exercises, 1–8, are on the page immediately after the metropolitana map.) Refer to the map for the station nearest your destination. Ask your peer partner who will play the role of *un signore* or *una signora* how you can go to the metropolitana station you desire. S/he will then give you instructions in Italian as you follow along on the map on the next page. Street locations are approximate, but use them in your dialogue. Take turns playing the roles of the tourist and the stranger. The person who is giving you instructions can follow the model given in the dialogue of **Aim 3b**, line 6.

297

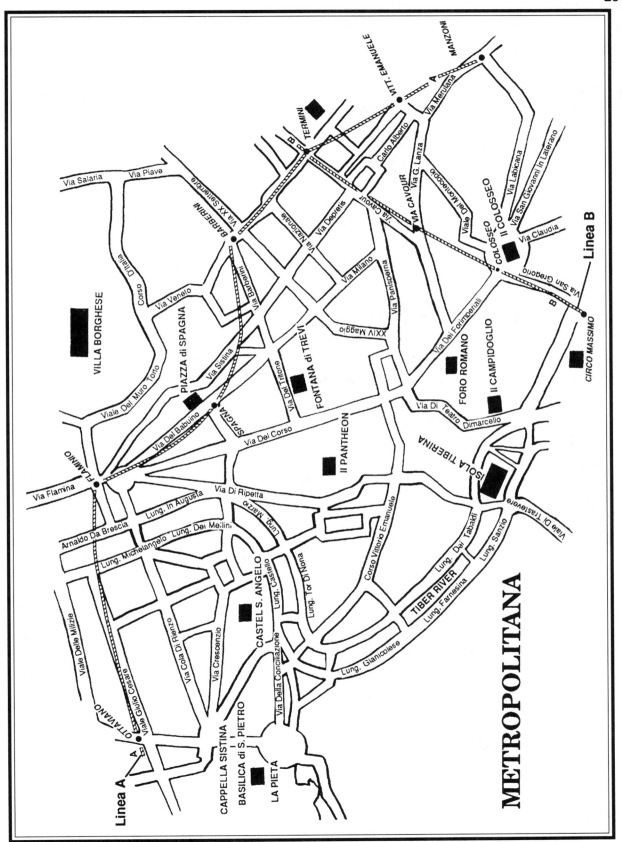

METROPOLITANA

Linea A

Linea B

1. Lei è alla Stazione Circo Massimo (linea B) e vuole visitare Villa Borghese.
2. Lei è alla Stazione Colosseo (linea B) e vuole andare al Castel S. Angelo.
3. Lei è alla Stazione Spagna (linea A) e vuole andare a vedere la Pietà nella Basilica di S. Pietro.
4. Lei è alla Stazione Flaminio (linea A) e vuole andare al Foro Romano.
5. Lei è alla Stazione Vittorio Emanuele (linea A) e vuole andare a McDonald's in Piazza di Spagna con un gruppo di amici.
6. Lei è alla Stazione Barberini (linea A) e vuole visitare Il Colosseo.
7. Lei è alla Stazione Spagna (linea A) e vuole visitare Il Colosseo.
8. Lei è alla Stazione Circo Massimo (linea B) e vuole andare a prendere un gelato ad un caffè in Via Vittorio Veneto.

PRATICA SCRITTA

Write three dialogues of the **Pratica di conversazione** in which you follow the pattern of *Aim 3b*, lines 3 and 6.

ATTIVITÀ

The class is divided into groups of two. One student plays the tourist and the other the resident of Rome. The tourist wishes to visit an Italian friend who lives near the Barberini station (line A). He is staying at a hotel on the Via Vittorio Veneto.

1. The tourist says "Excuse me" to a person on the street and asks him where the metropolitana station is.
2. The person answers that he should come with him because he is going to the metropolitana now.
3. The tourist asks how he can get to the Barberini Station.
4. The person asks him if he has a map of the metropolitana.
5. The tourist answers "Here it is."
6. The person explains in detail to the tourist how he can get to his destination.
7. The person asks why he is going there.
8. The tourist responds that he is going there to visit a friend.
9. The tourist thanks the person and says that he is very kind.
10. The person replies "You're welcome" and says that he wishes the tourist a good time in Rome.

 **Aim 4**   *Each student will be able to read the 24-hour clock in order to understand a railroad time schedule*

═══════ **NOTA CULTURALE** ═══════

Most countries of the world use the 24-hour clock, and not the 12-hour clock used in the United States. Departure and arrival times for buses, trains and airplanes are based on the 24-hour clock.

In this system midnight is the starting point and is designated as 00:00. Thirty minutes after midnight is stated as 00:30. One hour after midnight is 01:00. Four hours and fifteen minutes after midnight is 04:15. Nine hours and forty-five minutes after midnight is 09:45. Eleven hours and twenty minutes after midnight is 11:20. As you can see, from 12 midnight (12:00 A.M.) to 12:59 (12:59 P.M.) this system is similar to that used in the United States. However, from 12:59 P.M. through 12 midnight the clock continues through the next eleven hours of the 24-hour clock from 13:00 to 23:59.
Study the following examples:

1:00 P.M. is noted as 13:00	8:25 P.M.. is noted as 20:25
1:10 P.M. is noted as 13:10	10:45 P.M. is noted as 22:45
2:30 P.M. is noted as 14:30	11:55 P.M. is noted as 23:55
5:50 P.M. is noted as 17:50	12:00 P.M. is noted as 00:00

To read the 24-hour clock keep in mind the starting point is 12 midnight (00:00) and thus all times from midnight to 12:59 P.M. are read as we read time in the United States. To read any time after 12:59, subtract 12 hours from the time to arrive at our time (P.M.). Study the following examples:

13:00 minus 12 = 1:00 P.M.	18:25 minus 12 = 6:25 P.M.
14:15 minus 12 = 2:15 P.M.	21:40 minus 12 = 9:40 P.M.
16:45 minus 12 = 4:45 P.M.	23:30 minus 12 = 11:30 P.M.

You will need to read the 24-hour clock when you go to Italy. State the following times as used in the 24-hour clock in time as used in the United States. Convert only if necessary.

1. 04:00	4. 23:57	7. 20:16	10. 13:50
2. 17:48	5. 09:05	8. 07:30	11. 22:38
3. 12:25	6. 15:35	9. 19:14	12. 10:15

Refer to the railroad schedule below to understand the answers given by Luigi and Signor D'Angelo as they read the time schedule for Gianni and Maria.

1. **Gianni:** A che ora parte il treno #538 da Roma Termini per Firenze Santa Maria Novella?

   Luigi: Il treno per Firenze parte alle diciassette, cioè, alle cinque di pomeriggio.

   Gianni: A che ora arriva il treno a Firenze?

   Luigi: Il treno arriva alle diciannove e diciassette, cioè, alle sette e diciassette di sera.

2. **Maria:** A che ora parte il treno #2888 da Firenze S.M.N. per Bologna Centrale?

   Sig. D'Angelo: Il treno per Bologna parte alle diciotto e venticinque.

   Maria: A che ora arriva il treno a Bologna?

   Sig. D'Angelo: Il treno arriva a Bologna alle diciannove e trentacinque, cioè alle sette e trentacinque di sera.

Roma-**Firenze-Bologna**-Milano-(Venezia-Bolzano)

K		2888 diretto 1 e 2	6546 🚍 feriale 1 e 2	1762 diretto 1 e 2	1536 IC 1 e 2		538 IC 1 e 2	294 Expr 2 cl.	6548 🚍 1 e 2	552 IC 1 e 2	1234 Expr 2 cl.
–	Roma Termini ....p	...	...	...	♿	...	17 00	17 06	...	18 00	🍴
–	Roma Tiburtina ...p	...	...	...		...			...		
▸	FIRENZE S.M.N. ...p	18 25	...	18 45	19 05	...	19 17	19 41	...	20 18	20 25
▸	Firenze C. di Marte ...		...			...			...		
3	Firenze Rifredi		...			...	✕	R		⊗	
5	Castello		...			...	♿	🍴	...		
8	Sesto Fiorentino		...			...		🍴	...		
13	Calenzano		...			...			...		
17	PRATO {a	18 41	...			...	19 32		...	20 32	
	{p	18 42	✕18 49			...	19 33		20 02	20 33	
27	Vaiano		18 57						20 10		
37	Vernio-Mont.-Cant. ...		19 05						20 19		
57	S. Bened.-S. Cast. P. .		19 20						20 33		
62	Grizzana		19 26						20 38		
72	Monzuno-Vado		19 33						20 46		
81	Pianoro		19 42						20 53		
91	Bologna S. Ruffillo ...		19 50						21 01		
97	BOLOGNA C. ......a	19 35	✕20 00	19 54	20 12		20 22	20 53	21 09	21 22	21 28
	Bologna C. ....p	19 40	...	19 59	20 16	...	20 26	20 58	...	21 26	21 33
	Milano C. .....a		...		22 00	...	22 30	22 49			
	Venezia S. L. .....a	21 42	...	23 40	...	...	...	...	...	23 18	23 30
	Bologna ....p	...	...	...	...	...	...	...	...	...	...
	Verona ....a	...	...	...	...	...	...	...	...	...	...
	Bolzano ....a	...	...	...	...	...	...	...	...	...	...

PRATICA DI CONVERSAZIONE

Peer partners ask one another at what time certain trains leave a particular station for the destinations indicated and at what time they arrive. (The number in the parentheses will give you the train to take.)

1. A che ora parte il treno (#10605) da Milano Centrale per Cava Tigozzi?
   A che ora arriva il treno a Cava Tigozzi?

2. A che ora parte il treno (#2665) da Lodi per Mantova?
   A che ora arriva il treno a Mantova?

3. A che ora parte il treno (#5089) da Milano Centrale per Bozzolo?
   A che ora arriva il treno a Bozzolo?

4. A che ora parte il treno (#2655) da Codogno per Ponte d'Adda?
   A che ora arriva il treno a Ponte d'Adda?

5. A che ora parte il treno (#2653) da Milano Centrale per Marcaria?
   A che ora arriva il treno a Marcaria?

6. A che ora parte il treno (#5095) da Pladena per Castellucchio?
   A che ora arriva il treno a Castellucchio?

155	5089	5091	2651	10605	5095	2653	10607	2665	10609	10611	2655
km											
Milano Centrale	4.45	·	6.30	6.30	·	8.20	8.35	10.15	·	·	12.20
Milano Lambrate	4.51	·	6.37	6.37	·	8.26	8.43	10.25	·	·	12.26
Milano Rogoredo	4.58	·	6.45	6.45	·	8.33	8.49	10.34	·	·	12.34
Lodi	5.23	·	7.03	7.03	·	8.50	9.25	10.52	·	·	12.51
Codogno a.	5.43	·	7.19	7.19	·	9.05	9.44	11.06	·	·	13.08
0 Codogno	5.50	6.54	7.20	8.02	·	9.06	9.55	11.07	·	·	13.09
6 Maleo	5.56	6.59			·				·	·	
9 Pizzighettone	5.59	7.08		8.09	·		10.02		·	·	
10 Ponte d'Adda	6.03	7.11	7.28	8.11	·	9.14	10.04	11.15	·	·	13.17
18 Acquanegra Cremonese	6.10	7.19		8.17	·		10.10		·	·	
23 Cava Tigozzi	6.15	7.25		8.22	·		10.15		·	·	
28 Cremona a.	6.20	7.30	7.39	8.29	·	9.26	10.20	11.26	·	·	13.30
Cremona 194-195	6.27	·	7.42	·	8.48	9.31	·	11.27	11.50	13.12	13.32
36 Villetta Malagnino	6.32	·		·	8.53		·	11.33	11.57	13.19	13.39
42 Gazzo-Pieve S.Giacomo	6.37	·		·	8.58		·		12.04	13.26	13.46
50 Torre de' Picenardi	6.43	·		·	9.04		·		12.11	13.33	13.52
56 Pladena a.	6.48	·	7.57	·	9.09	9.47	·	11.45	12.19	13.39	13.57
Pladena 196	6.50	·	7.58	·	9.15	9.48	·	11.46	12.25	13.40	13.58
65 Bozzolo	6.57	·	8.06	·	9.21	9.54	·	11.52	12.33	13.48	14.06
70 Marcaria	7.09	·	8.11	·	9.26	9.59	·	11.57	12.39	13.54	14.17
73 S.Michele in Bosco	7.13	·		·	9.30		·		12.44		
76 Ospitaletto Mantovano	7.18	·		·	9.33		·		12.48		
80 Castellucchio	7.24	·		·	9.37	10.06	·		12.58	14.02	
91 Mantova a.	7.31	·	8.24	·	9.45	10.13	·	12.10	13.08	14.11	14.29

PRATICA SCRITTA

Write and answer the questions of the **Pratica di conversazione**, numbers 1–6.

VOCABOLARIO

A che ora parte il treno?
   At what time does the train leave?
da ... per ...   *from ... to ...*
A che ora arriva il treno?
   At what time does the train arrive?
all'... / alle ...   *at ...*
cioè   *that is to say*

NOTA CULTURALE

The "FS," Ferrovia Statale, Italy's national railway, provides service to all parts of Italy and extends its services to many large cities of Europe. This can be an inexpensive means of transportation, even if you don't purchase special discount tickets such as the Eurailpass or the Special Italian Railway Ticket. The trains have two classes, first and second. Some trains such as the "IC" (Intercity) or "EC" (Eurocity) and "R" Rapido are first-class trains with mandatory reservations. Other types of trains are the *direttissimo, diretto, espresso,* and the slowest train, the *accelerato* or *locale* which is a local train that stops at all the stations on the way to its destination. Supplements are charged for all high-speed trains such as the Rapido, Intercity and the Eurocity.

*Each student will be able to ask for bus directions
and be able to purchase a railroad ticket*

Aim 5

═══════════**LETTURA**═══════════

*Carlo e sua sorella, Anna, vanno a Genova, una città dell'Italia
settentrionale, per tre giorni. Carlo decide di prendere l'autobus per andare alla
Stazione Termini dove va ad incontrarsi con Anna dopo le lezioni.*

1. **Carlo:** Mi scusi, Signore. Come posso andare alla Stazione Termini?
2. **Un Signore:** Preferisce andare in autobus o con la metropolitana?

Preferisco andare in autobus.

3. **Carlo:** Preferisco andare in autobus perché già so viaggiare con la metropolitana.
4. **Un Signore:** Allora, va bene. Deve prendere l'autobus numero 64.
5. **Carlo:** Dov'è la fermata più vicina?
6. **Un Signore:** Ecco, vada sempre dritto, dopo tre isolati la trova all'angolo.
7. **Carlo:** Quanto costa viaggiare in autobus?
8. **Un Signore:** Costa quasi lo stesso della metropolitana.
9. **Carlo:** Mille grazie, signore. Lei è molto gentile.
10. **Un signore:** Prego. Spero che tutto vada bene.

Sono le tre meno un quarto. Carlo scende dall'autobus e va nella stazione. Lì fa delle domande ad una signora.

11. **Carlo:** Scusi, Signora. Mi può dire dov'è l'ufficio informazioni?
12. **Signora:** Certo. È lì in fondo a destra.
13. **Carlo:** Grazie. (Lui corre all'ufficio informazioni.) Anna, da quanto tempo mi aspetti?
14. **Anna:** Ti aspetto da mezz'ora.
15. **Carlo:** Mi dispiace tanto. A che ora parte il prossimo treno per Genova?
16. **Impiegato:** Il prossimo treno parte alle sedici e trentacinque. È un Intercity.
17. **Carlo:** E a che ora arriva il treno?
18. **Impiegato:** Arriva alle ventidue zero uno. Ecco un orario ferroviario per il Suo prossimo viaggio.

Carlo va in biglietteria per comprare il biglietto ed il supplemento rapido e per fare le prenotazioni.

19. **Carlo:** Vorrei due biglietti per Genova.
20. **Impiegato:** In prima o in seconda classe?
21. **Carlo:** In prima con supplemento rapido ed ho bisogno di una prenotazione per il treno che parte alle sedici e trentacinque. Quanto constano i biglietti?
22. **Impiegato:** In prima classe per Genova costano 54.300 lire ciascuno. Inoltre si deve pagare 16.300 lire per il supplemento rapido e 1.000 lire per fare la prenotazione.
23. **Carlo:** Ecco i soldi. Grazie, signore.

Carlo ed Anna vanno verso il binario 10 dove fra poco parte il treno per Genova. Alle sedici e trentacinque si sente: "Attenzione, è in partenza sul binario 10 il treno per Genova."

❑ *Comprensione della lettura: Vero o Falso*

If the statement is true write *Vero* and copy the statement. If the statement is false, write *Falso* and rewrite the entire statement, **correcting the bold portion**.

1. Carlo e sua sorella vanno per tre giorni a **Milano**.
2. Lui va **da solo** alla Stazione Termini.
3. Lui decide di prendere **la metropolitana** per andare alla Stazione Termini.
4. Carlo **non** sa usare la metropolitana.
5. La fermata dell'autobus più vicina è **a destra**.
6. L'autobus costa **quasi lo stesso** della metropolitana.
7. Il prossimo treno per Genova parte alle **tre e dieci del pomeriggio**.
8. Carlo ed Anna prendono un treno **espresso**.

❑ *Vocabolario della lettura:*

settentrionale   *north*   decidere di   *to decide to*
va ad incontrarsi con ...   *he is going to meet*
1.   Come posso andare ...?   *How can I get to ...?*
Stazione Termini   *the railroad station*
2.   Preferisce andare ...?   *Do you prefer to go ...?*
3.   Preferisco andare ...   *I prefer to go ...*
Già so viaggiare ...   *I already know how to travel ...*
4.   Allora, va bene.   *Well then.*
5.   Dov'è la fermata più vicina?   *Where is the nearest stop?*
6.   Vada sempre dritto.   *Continue straight ahead.*
isolati   *city blocks*
La trova all'angolo.   *It's on the corner.*
8.   quasi   *almost*   lo stesso   *the same*
10.   Spero che tutto vada bene!   *I hope everything goes well!*
scendere   *to get off*
va nella stazione   *goes into the station*
11.   Mi può dire dov'è l'ufficio informazioni?
     Can you tell me where the information office is?
12.   lì in fondo   *down there*   a destra   *to the right*
13.   Da quanto tempo mi aspetti?
     How long have you been waiting for me?
14.   Ti aspetto da mezz'ora.
     I have been waiting for you for half an hour.
15.   Mi dispiace tanto.   *I'm so sorry.*
16.   Il prossimo treno.   *The next train.*
18.   Ecco un orario ferroviario.   *Here's a railroad schedule.*
biglietteria   *ticket window*
supplemento rapido   *supplementary fee to take a high speed train*
prenotazioni   *reservations*
20.   In prima classe   *In first class*
in seconda ...   *in second ...*
21.   Quanto costano i biglietti?   *How much do the tickets cost?*
22.   ciascuno   *each one*   inoltre   *in addition*

vanno verso il binario...   *go toward track...*
in partenza   *is leaving*
si sente   *one hears (is heard)*

A. The class is divided into groups of three. One student plays the role of the tourist, another plays the role of the resident of Rome who gives directions, and the third student plays the role of the ticket seller.

1. The tourist says "Excuse me" to a person on the street. He then asks him how he can get to the Stazione Termini.
2. The person then asks if he prefers to go by bus or by metropolitana.
3. The tourist says that he prefers to go by bus.
4. The person states that he has to take bus number 64.
5. The tourist asks where the nearest stop is.
6. The person tells him to go straight ahead and that it is on the corner.
7. The tourist asks how much a bus ticket costs.
8. The person answers that it costs 500 lire.
9. The tourist thanks the person and says that he is very kind.
10. The person answers "You're welcome" and says that he hopes everything goes well.

    (The tourist takes the bus to the Termini Railroad Station and goes directly to the ticket window. It is now 2:00 in the afternoon.)

11. The tourist asks what time the next train leaves for Firenze.
12. The ticket seller tells him when the next train leaves for Firenze and the type of train it is. (Refer to the railroad schedule *"Roma – Bologna"*)
13. The tourist says that he wants to buy one ticket to Firenze.
14. The ticket seller asks "In first or second class?"
15. The tourist answers "In first class" and then asks how much the ticket costs.
16. The ticket seller tells him what the ticket costs.
17. The tourist asks what time the train arrives in Firenze.
18. The ticket seller tells him when the train arrives in Firenze. (Refer to the train schedule.)
19. The tourist thanks him very much and tells him that he is very kind.

B. This activity can be repeated with students changing roles.

I NEGOZI
Il MIO RIONE
I MESTIERI / LE PROFESSIONI

□ **Topic**
Stores and specialty shops
The neighborhood and community
Earning a living

□ **Situation**
Interaction with individual peers

□ **Function**
Providing and obtaining information about one's city and
neighborhood • Providing and obtaining information about
one's job or profession • Expressing personal feelings

□ **Proficiency**
Can comprehend simple statements and questions and can
   respond appropriately with possible need for repetition
Can ask questions appropriate to the communicative situation
Can understand some aspects of Italian culture

☐ **AIM 1**
Each student will be able to identify the stores found in any town or city in Italy

☐ **AIM 2**
Each student will be able to describe the neighborhood in which s/he lives including the principal stores, public services and recreational facilities

☐ **AIM 3A**
Each student will be able to identify some of the jobs and professions people have in the community

☐ **AIM 3B**
Each student will be able to recognize cognates that describe jobs or professions
Each student will be able to ask a peer "What do you want to be and why?" and be able to answer questions

Aim 1 *Each student will be able to identify the stores found in any town or city in Italy*

PRATICA ORALE

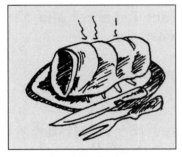
la panetteria

l'edicola

la pasticceria

la macelleria

la pizzeria

la pescheria

il negozio di abbigliamento

la profumeria

il negozio di calzature

la libreria

dal fruttivendolo

il negozio di alimentari

PRATICA DI CONVERSAZIONE

Partner A asks the questions in Column A. Partner B asks the questions in column B. *Examples:*

A: Quando sei in Italia, dove compri gli abiti?
B: Quando sono in Italia, compro gli abiti in un negozio di abbigliamento.

A: Quando Lei è in Italia, dove compra le scarpe?
B: Quando sono in Italia, compro le scarpe nel negozio di calzature.

Partner A	Partner B
1. Quando sei in Italia, dove compri il pane?	7. Quando Lei è in Italia, dove compra i dolci?
2. Quando sei in Italia, dove compri le medicine?	8. Quando Lei è in Italia, dove compra i profumi?
3. Quando sei in Italia, dove compri la carne?	9. Quando Lei è in Italia, dove compra il pesce?
4. Quando sei in Italia, dove compri i libri?	10. Quando Lei è in Italia, dove compra i giornali e le riviste?
5. Quando sei in Italia, dove compri la frutta?	11. Quando Lei è in Italia, dove compra il pane?
6. Quando sei in Italia, dove compri i francobolli?	12. Quando Lei è in Italia, dove compra il cibo?

Complete the following statements with the name of the store where one buys each product.

1. Roberto compra i libri nella _____.
2. La mia amica compra la frutta dal _____.
3. Il Signor Bertini compra le riviste ed i giornali all'_____.
4. La Signorina Mazzeo compra il pane nella _____.
5. La Signora Tesone compra la carne nella _____.
6. La famiglia di Elena compra il cibo nel _____.
7. Il mio amico compra le scarpe nella _____.
8. La zia di Giovanni compra il pesce nella _____.
9. La nonna di Roberto compra i profumi nella _____.
10. Elena compra la pizza nella _____.
11. La famiglia di Carlo compra gli abiti nel _____.
12. Anna compra i dolci nella _____.

▬▬▬▬ **RIASSUNTO** ▬▬▬▬▬▬▬▬▬▬▬▬▬▬▬

Fill in the blank with the appropriate item(s) sold in each store or shop.
Example:

Gianni: Cosa si vende nella libreria?
Marisa: Si vendono libri nella libreria.

1. Cosa si vende nella macelleria?
   Si vende ___ nella macelleria.

2. Cosa si vende nella pasticceria?
   Si vendono ___ nella pasticceria.

3. Cosa si vende nella pescheria?
   Si vende ___ nella pescheria.

4. Cosa si vende nella pizzeria?
   Si vende ___ nella pizzeria.

5. Cosa si vende dal fruttivendolo?
   Si vende ___ dal fruttivendolo.

6. Cosa si vende nel negozio di calzature?
   Si vendono ___ nel negozio di calzature.

7. Cosa si vende nel negozio di abbigliamento?
   Si vendono ___ nel negozio di abbigliamento.

8. Cosa si vendono nell'edicola?
   Si vendono ___ nell'edicola.

9. Cosa si vende nella libreria?
   Si vendono ___ nella libreria.

10. Cosa si vende nella panetteria?
    Si vende ___ nella panetteria.

11. Cosa si vende nella profumeria?
    Si vendono ___ nella profumeria.

12. Cosa si vende nel negozio di alimentari?
    Si vende ___ nel negozio di alimentari.

▬ VOCABOLARIO ▬

I negozi   *stores*

la macelleria *the butcher shop*	la carne *meat*
la pizzeria *the pizzeria*	la pizza *pizza*
la profumeria *the perfume shop*	il profumo *perfume*
la farmacia *the pharmacy*	le medicine *medicines*
dal fruttivendolo *at the fruit and vegetable store*	la frutta *fruits*
la libreria *the bookstore*	i libri *books*
la panetteria *the bakery*	il pane *bread*
la pasticceria *the pastry shop*	i dolci *pastry*
la pescheria *the fish store*	il pesce *fish*
l'edicola *the newstand, kiosk*	i giornali *newspapers*
	le riviste *magazines*

il negozio di alimentari
   the grocery store   il cibo   *food*
il negozio di abbigliamento
   the clothing store   gli abiti   *clothing*
il negozio di calzature   *the shoe store*   le scarpe   *shoes*

Quando sei in Italia ... / Quando Lei è in Italia ...
When you are in Italy...
Quando sono in Italia ...   *When I am in Italy...*
Dove compri ...? / Dove compra Lei ...?   *Where do you buy ...?*
Cosa si vende nella ...?   *What is sold in ...?*
Si vende ...   *... is sold*
Si vendono ...   *...are sold*

Note culturali

I negozi

la macelleria: A wide variety of meats are sold here. Just like fruits, meats are sold according to season. For example, in the winter, pork is very popular, but is seldom seen in summer. In the springtime, around Easter, baby goats and lambs are sold in great numbers. One of the most popular meats in Italy is veal.

la pizzeria: The type of pizza sold in this shop varies according to the region of Italy. In Rome, a pizzeria will sell pizza with a paper-thin crust. In southern Italy, near Bari for instance, the pizza crust becomes thicker. Other foods sold in pizza shops are *supplì* (rice balls) and *calzoni* (stuffed pizza dough).

la profumeria: You can buy a whole range of perfumes, cologne, and toilet items here, but not medicines.

la farmacia: The pharmacy is the place where medicines are sold.

il mercato: A wide variety of fruits and vegetables are available at the outdoor market. There are abundant *mercati* in Italy because it has a large and diverse agricultural production. Fresh produce arrives daily to all the outdoor markets and super-markets throughout the country. Al-though many large and small cities have American-style supermarkets, in the smaller towns people prefer to shop in the outdoor markets.

la libreria: This is a bookstore, not a library.

la panetteria: Most bakeries sell only bread, and while many kinds can be purchased here, the most popular is *la pagnotta,* a round dome-shaped loaf with a thick crust. There is also *la rosetta*, a dome-shaped hollow roll which is used quite often for breakfast, and *focaccia,* a thick, flat pizza-like bread which might have only salt, tomato or garlic as a topping. Bread is a staple in the Italian diet and is eaten with every meal. The Italians prefer to buy their bread fresh daily. Pre-packaged bread is not popular.

la pasticceria: Many Italians don't wait to go home in order to taste fresh pastry. Here, pastries may be purchased with a cup of *espresso* or *cappuccino* and eaten right on the premises.

la pescheria: Because Italy is mostly bordered by the sea, fishing is an important industry. Italians, especially in the south, eat large amounts of fish.

l'edicola: The kiosk sells mainly newspapers and magazines.

il negozio di alimentari: The grocery store is indicated by signs such as *pizzicheria, salumeria, drogheria* and *alimentari*. One important product sold here is olive oil, used to cook most of the meals in Italy.

il negozio di abbigliamento: The clothing store sells ready-made clothes. There are many fancy boutiques in Italy where designers such as Versace, Ferragamo, Armani, Krizia and Valentino show their latest creations. Italians are very fussy about their appearance and are quite fashion conscious. Some men and women still have their clothing custom-made by a *sarto* or *sarta,* a tailor or seamstress.

il negozio di calzature: The shoe store sells all kinds of footwear known as *calzature* or *scarpe*. Bear in mind that the metric system of measurement is used in Italy. For men an American 7 is Italian size 40½, an 8 is a 41½, a 9 is 42½, etc. For women, an American 5½ is Italian size 35, a 6½ is a 36, a 7 is a 37, an 8 is a 38½.

gli orari dei negozi: Almost all stores in Italy are open from 9:00 a.m. to 1:00 p.m. and from 4:00 p.m. to 8:00 p.m. The exceptions are the large department stores which in many cities do not close in the afternoon.

Each student will be able to describe the neighborhood in which s/he lives including the principal stores, public services, and recreational facilities

LETTURA

Sono le otto meno un quarto di sera. Anna, Giuseppe e degli amici si incontrano in un caffè in Via Veneto, una delle strade principali di Roma. Giuseppe vuole sapere com'è la città ed il rione dove abita la sua amica Anna.

1. **Giuseppe:** Anna, in quale città abiti?
2. **Anna:** Abito a Brooklyn, nello stato di New York.
3. **Giuseppe:** Com'è Brooklyn?
4. **Anna:** È un borgo grande della città di New York. Ci sono dei rioni moderni e degli altri che sono vecchi. Io abito nel rione che si chiama Greenpoint.
5. **Giuseppe:** Quanti abitanti ci sono a Brooklyn?
6. **Anna:** Ci sono tre milioni di abitanti.
7. **Giuseppe:** E com'è il rione dove abiti?
8. **Anna:** Il mio rione è bello e tranquillo però non tutti i rioni sono così buoni. La mia migliore amica abita in un rione rumoroso ed un po' pericoloso.
9. **Giuseppe:** Abiti vicino o lontano dai negozi?
10. **Anna:** Abito vicino ai negozi.
11. **Giuseppe:** E quali sono?
12. **Anna:** Sono il supermercato, la panetteria, tre negozi di abbigliamento, due pizzerie ed un ristorante cinese. Ci sono anche due banche, l'ufficio postale, la biblioteca, la chiesa e la sinagoga.
13. **Giuseppe:** A quali negozi vai spesso?
14. **Anna:** Vado spesso ai negozi di abbigliamento.
15. **Giuseppe:** E con chi vai?
16. **Anna:** A volte vado con mia mamma ed a volte vado con la mia migliore amica.
17. **Giuseppe:** Quali posti d'interesse e di divertimento ci sono nel tuo borgo?
18. **Anna:** Ci sono musei, parchi, cinema, teatri e discoteche. Ci sono anche molti caffè italiani.

19. **Giuseppe:** E c'è qualcosa d'interesse storico?
20. **Anna:** Certo! A Brooklyn c'è un ponte famoso, il Ponte di Brooklyn, che è il ponte più vecchio di New York. A Manhattan, c'è un ristorante che si chiama Fraunces Tavern dove ha cenato George Washington, la Statua della Libertà che fu donata dai francesi e molte chiese antiche. Manhattan è un'isola che fu fondata nel 1626 dagli olandesi.

□ *Comprensione della lettura: Vero o Falso*

If the statement is true write *Vero* and copy the statement. If the statement is false, write *Falso* and rewrite the entire statement, **correcting the bold portion**.

1. Sono **le cinque e mezzo** di sera.
2. Giuseppe, Anna e degli amici sono in **un caffè** in Via Veneto.
3. Il borgo di Brooklyn è molto **piccolo**.
4. Greenpoint è un rione di **Manhattan**.
5. Il rione di Anna è **brutto e rumoroso**.
6. Anna abita **lontano dai** negozi.
7. Ci sono tre **supermercati** nel rione di Anna.
8. Anna va **da sola** ai negozi di abbigliamento.
9. Ci sono **molti** posti di divertimento nel borgo di Brooklyn.
10. Manhattan fu fondata dagli **italiani** nel 1626.

PRATICA DI CONVERSAZIONE

1. Abiti in una città o in un paese?
2. Come si chiama la città (o il paese) dove abiti?
3. Com'è la città dove abiti?
4. Quanti abitanti ha?
5. Com'è il rione dove abiti?
6. Abiti vicino o lontano dai negozi?
7. Quali sono i negozi principali del tuo rione?
8. A quale negozio vai spesso?
9. Con chi vai ai negozi?
10. Quali sono i posti d'interesse e di divertimento nella tua città?
11. C'è qualcosa d'interesse storico nella tua città? Cos'è?

RIASSUNTO

Draw a map of your own neighborhood. Include and label in Italian the principal stores, public services and recreational facilities.

═══ **VOCABOLARIO** ═══

	lui/lei vuole sapere ...	*he / she wants to know ...*
	In quale città/paese abiti?	*In what city / town do you live?*
1.	Com'è la città?	*What is the city like?*

    grande *large*   media *medium*   piccola *small*
    moderna *modern*   vecchia/antica *old*
    il borgo *the borough*

5.   Quanti abitanti ci sono? *How many inhabitants does it have?*
    Ci sono ... milioni di... *It has ... million inhabitants.*
    Ci sono ... mila abitanti. *It has ... thousand inhabitants.*

7.   Com'è il rione? *What's the neighborhood like?*
    bello *pretty*   tranquillo *quiet*   brutto *ugly*
    rumoroso *noisy*   pericoloso *dangerous*
    non tutti i rioni sono *all the neighborhoods aren't ...*
    vicino *near*   o *or*   lontano da *far from*

11.   Quali sono? *What are they?*
    il ristorante cinese *Chinese restaurant*
    la sinagoga *synagogue*

13.   A quali negozi vai spesso? *What stores do you go to often?*
    a volte *sometimes*

15.   Con chi vai? *With whom do you go?*
    Vado con ... *I go with ...*   Vado da solo/da sola. *I go alone.*

17.   Quali posti d'interesse e di divertimento ci sono nella tua città?
    What places of interest and recreation are there in your city?

19.   C'è qualcosa d'interesse storico? *Is there anything of historic interest?*
    Certo! *Of course!*
    Non c'è niente d'interesse storico. *There is nothing of historical interest.*

20.   fu donata *was donated*   chiese antiche *old churches*
    ... fu fondata dagli olandesi. *... was founded by the Dutch.*

NOTA CULTURALE

Antonio Meucci, an Italian immigrant born in Florence in 1808, is believed by many to be the true inventor of the telephone. He arrived in New York in 1831 and in 1854 built the first model of the telephone. In 1871 he received the patent. Because of a series of misfortunes, it was Alexander G. Bell who was given credit for the invention. Today, one can see memorabilia from Meucci and Garibaldi at a museum in the borough of Staten Island in New York City.

Aim 3a Each student will be able to identify some of the jobs and professions people have in the community

=== **PRATICA ORALE 1** ===

Che lavoro fa lei/lui? Lei/Lui è ...

l'avvocato

la casalinga

lo spazzino

il pompiere

il macellaio

il postino

l'infermiera

il medico/dottore

il panettiere

il poliziotto

il professore

la programmatrice di computers

PRATICA ORALE 2

A. *Persona:* the name of the person who does certain work
B. *Azione:* the action or type of work the person does
C. *Prodotto o persona:* the product that is involved or the person
who receives the service
D. *Posto:* the place where the person works

Your teacher will ask you questions such as the following:
Pratica di domande: Numero 1
1a. Chi difende i clienti in tribunale?
1b. Cosa fa l'avvocato in tribunale?
1c. Chi difende l'avvocato?
1d. Dove difende l'avvocato i clienti?

A. Persona	B. Azione	C. Prodotto o Persona	D. Posto
1. L'avvocato	difende	i clienti	in tribunale.
2. La casalinga	bada	ai bambini	in casa.
3. Lo spazzino	raccoglie	le immondizie	nella strada.
4. Il pompiere	spegne *fuoco*	gli incendi	negli edifici.
5. Il macellaio	vende	la carne	nella macelleria.
6. Il postino	distribuisce	la posta	alle case.
7. L'infermiera	aiuta	gli ammalati	nell'ospedale.
8. Il medico La dottoressa...	esamina	i pazienti	nell'ambulatorio.
9. Il panettiere	vende	il pane	nella panetteria.
10. Il poliziotto	aiuta	la gente	nella strada.
11. Il professore La professoressa...	insegna	agli alunni	a scuola.
12. Il programmatore La programmatrice di computers...	scrive	i programmi	nell'ufficio.
13. La commessa Il commesso ...	vende	gli abiti	nel negozio di abbigliamento.

PRATICA DI CONVERSAZIONE 1

Partner A asks his/her partner who does the particular job or work and then **Partner B** asks the questions. Partners reverse roles the second time. Partners answer the questions with a complete sentence. ***Example:***

Q: Chi vende gli abiti nel negozio di abbigliamento?
A: La commessa vende gli abiti nel negozio di abbigliamento.

Partner A	**Partner B**
1. Chi insegna agli alunni a scuola?	7. Chi vende il pane nella panetteria?
2. Chi vende la carne nella macelleria?	8. Chi difende i clienti in tribunale?
3. Chi aiuta la gente nella strada?	9. Chi esamina i pazienti nell'ambulatorio?
4. Chi aiuta gli ammalati nell'ospedale?	10. Chi distribuisce la posta alle case?
5. Chi scrive i programmi nell'ufficio?	11. Chi bada ai bambini in casa?
6. Chi raccoglie le immondizie nella strada?	12. Chi spegne gli incendi negli edifici?

PRATICA DI CONVERSAZIONE 2

Partner A asks his/her partner where the person does a particular job or work and then **Partner B** asks the questions. Partners reverse roles the second time. Partners answer the questions with a complete sentence.

Partner A	Partner B
1. Dove bada ai bambini la casalinga?	7. Dove aiuta gli ammalati l'infermiera?
2. Dove esamina i pazienti la dottoressa?	8. Dove raccoglie le immondizie lo spazzino?
3. Dove spegne gli incendi il pompiere?	9. Dove aiuta la gente il poliziotto?
4. Dove vende il pane il panettiere?	10. Dove vende la carne il macellaio?
5. Dove distribuisce la posta il postino?	11. Dove scrive i programmi la programmatrice?
6. Dove difende i clienti l'avvocato?	12. Dove insegna agli alunni la professoressa?

Dove vende il pane il panettiere?

========== **PRATICA SCRITTA** ==========

Write the questions and answers of the **Pratica di conversazione 1**, numbers 1–6, and the **Pratica di conversazione 2**, numbers 1–6.

Each student will be able to recognize jobs and professions that are cognates

Each student will be able to ask a peer "What do you want to be?" and "Why?" and be able to answer the questions

========== **PRATICA ORALE 1** ==========

attore	elettricista	pilota
attrice	fotògrafo	politico
architetto	ingegnere	psicologo
astronauta	meccanico	psichiatra
bibliotecario	modello	segretaria
conduttore	musicista	tassista
dentista	pediatra	veterinario

========== **PRATICA ORALE 2** ==========

1. **Gianni:** Cosa vuoi fare?
   Maria: Voglio fare la contabile.
   Gianni: Perché?
   Maria: Perché prendo bei voti in matematica, e vorrei guadagnare molti soldi.

2. **Carlo:** Cosa vuoi fare?
   Sabrina: Voglio fare la maestra.
   Carlo: Perché?
   Sabrina: Perché mi piace la scuola e mi piacerebbe lavorare con i bambini.

3. **Paolo:** Cosa vuoi fare?
   Elena: Voglio fare la dottoressa.
   Paolo: Perché?
   Elena: Perché mi piace la medicina e vorrei aiutare la gente.

4. **Marisa:** Cosa vuoi fare?
   Roberto: Io non so cosa voglio fare.
   Marisa: Ti piacerebbe fare il medico?
   Roberto: Non mi piacerebbe fare il medico perché non mi piace vedere la gente ammalata.

PRATICA DI CONVERSAZIONE

1. Each student asks three classmates what s/he wants to be and why.

2. Peer partners ask each other the question and listen carefully to each other's response. Then groups of 4–6 students are formed. Each member of the group then tells the other members what his/her partner wants to be and why.
Examples:

a. Maria vuole fare la contabile perché prende bei voti nella lezione di matematica e vuole guadagnare molti soldi.

b. Sabrina vuole fare la maestra perché le piace la scuola e vuole lavorare con i bambini.

c. Elena vuole fare la dottoressa perché le piace la medicina e vuole aiutare la gente.

d. Roberto non sa cosa vuole fare. Non gli piacerebbe fare il medico perché non gli piace vedere la gente ammalata.

Voglio fare la contabile.

PRATICA SCRITTA

Write the questions you would ask of a peer to find out what s/he wants to be and why. Then answer the questions.

Vocabolario

1. **L'avvocato** difende i clienti in tribunale.
   The lawyer defends clients in court.
2. **La casalinga** bada ai bambini in casa.
   The housewife takes care of the children at home.
3. **Lo spazzino** raccoglie le immondizie nella strada.
   The sanitation worker collects the garbage in the street.
4. **Il pompiere** spegne gli incendi negli edifici.
   The fireman extinguishes fires in buildings.
5. **Il macellaio** vende la carne nella macelleria.
   The butcher sells meat in the butcher shop.
6. **Il postino** distribuisce la posta alle case.
   The mailman delivers the mail to homes.

7. **L'infermiera** aiuta gli ammalati nell'ospedale.
   The nurse helps sick people in the hospital.
8. **Il medico** esamina i pazienti nell'ambulatorio.
   The doctor examines patients in the doctor's office.
9. **Il panettiere** vende il pane nella panetteria.
   The baker sells bread in the bakery.
10. **Il poliziotto** aiuta la gente nella strada.
    The policeman helps people in the street.
11. **Il professore** insegna agli alunni a scuola.
    The teacher teaches students in school.
12. **La programmatrice di computers** scrive i programmi nell'ufficio.
    The computer programmer writes programs in the office.
13. **La commessa** vende gli abiti nel negozio di abbigliamento.
    The saleswoman sells clothing in the clothing store.

Che lavoro fa lei/lui?   *What work does she/he do?*
Chi ...?   *Who ...?*   Dove ...?   *Where ...?*
A chi ...?   *Whom ...?*   Cosa fa ...?   *What does ... do?*

Cosa vuoi fare?   *What do you want to be?*
    Voglio fare la contabile.   *I want to be an accountant.*
    Io non so cosa voglio fare.   *I don't know what I want to be.*
Perché?   *Why?*
    ... perché voglio aiutare la gente.
     ... because I want to help people.
    ... perché voglio lavorare con i bambini.
     ... because I want to work with children.
    ... perché voglio guadagnare molti soldi.
     ... because I want to earn a lot of money.
    ... perché non mi piace vedere ...
     ... because I don't like to see ....
Ti piacerebbe fare ...?   *Would you like to be ...?*
    Mi piacerebbe fare ...   *I would like to be ....*
    Non mi piacerebbe fare ...   *I wouldn't like to be ....*

Lei/Lui vuole fare ... perché ...   *She/He wants to be ... because ...*
Lei/Lui non sa cosa vuole fare.   *She/He doesn't know what she/he
                       wants to be.*

Le piacerebbe fare ...   *She would like to be ...*
Gli piacerebbe fare ...   *He would like to be ...*

Le piace ...   *She likes ...*
Gli piace ...   *He likes ...*

il maestro / la maestra   *elementary school teacher*

Nota Culturale

A legend says that Rome was founded on April 21 in the year 753 B.C. by the twin brothers Romulus and Remus. The twins were placed in a basket and thrown into the Tiber River after their mother, Rhea Silvia was killed. A female wolf found the infants and nursed them until a shepherd named Faustulus discovered them. He and his wife raised the two boys as their own. When they were older and they found out that they were t he true sons of Rhea Silvia and the god Mars, they decided to use their extraordinary powers to the limit. They decided that they wanted a city of their own. The chosen sight of the city would be at the foot of the Palatine Hill. Because of a quarrel between the twins, Romulus killed Remus. Romulus went on to build the city, named it after himself and became the first king. This city was originally built on one hill, but has spread over seven. These hills are the Capitolino, Palatino, Quirinale, Viminale, Esquilino, Celio and Aventino.

Each year the Romans celebrate April 21 to honor the founding of the city. The famous symbol of the founding of the city is a female wolf nursing two infants. One of the most famous of all the statues of the wolf with Romulus and Remus is the fifth century bronze which can be found in the Musei Capitolini on Piazza del Campidoglio.

VOCABOLARIO

italiano - inglese

Vocabolario italiano-inglese

Abbreviations: m. masculine f. feminine s. singular pl. plural

━━━━━━A━━━━━━

l' abbraccio *hug, embrace*
gli abiti *clothing*
gli abitanti *inhabitants*
      Ha...abitanti. *It has a population of ...*
l' abitudine *habit, custom*
  a buon mercato *inexpensive, cheap*
  Accipicchia! *Good heavens!, My gosh!*
l' acqua *water*
l' acqua minerale *mineral water*
     gassata *carbonated*
     naturale *non-carbonated*
  addio *goodbye*
  adesso *now*
  ad un tratto *suddenly*
l' aereo *airplane*
l' aeroporto *airport*
  affittato(a) *rented*
  affittare *to rent*
    si affitta *for rent*
l' aglio *garlic*
l' agnello *lamb*
  agosto *August*
  aiutare *to help*
l' aiuto *help*
l' albero *tree*
  alcuno(a) *some*
  allora *well, then*
le Alpi *the Alps*
  alto(a) *tall*
  altrettanto *same to you*
  altro(a) *other, another*
l' alunno(a) *student, pupil*
l' ambulatorio *doctor's office*
l' amica *friend (f.)*
gli amici *friends*
l' amico *friend (m.)*
  anche *also*
    anch'io *me too*
  andare *to go*
    io vado *I go*
      al cinema *to the movies*
      alle feste *to parties*
      al mare *to the beach*
     va bene *okay, fine*

l' angolo *the corner*
l' anno *year*
    anno prossimo *next year*
    anno che viene *next year*
  antipatico(a) *unpleasant*
  apparecchiare *to set up*
    la tavola *table*
l' appartamento *the apartment*
gli Appennini *the Apennines*
  approssimatamente *approximately*
l' appuntamento *appointment*
  aprile *April*
  aprire *to open*
l' architetto *architect*
l' arancio *orange*
  arancione *orange (the color)*
  arrivare *to arrive*
  arrivederci *good-bye*
  arrividerLa *good-bye (formal)*
    a domani *see you tomorrow*
    a più tardi *see you later*
  arrosto *roasted*
l' arte *art*
l' ascensore *elevator*
  asciugare *to dry*
    i piatti *the dishes*
  ascoltare *to listen*
l' asparago *asparagus*
  aspettare *to wait*
l' aspirina *aspirin*
l' astronauta *astronaut*
l' Atlantico: l'oceano Atlantico
    Atlantic Ocean
  attenzione *attention*
l' attività *activity*
l' attore *actor*
l' attrice *actress*
l' aula *classroom*
l' autista *driver (bus or truck)*
l' autobus *bus*
l' auto *car*
l' autorimessa *garage*
l' autunno *fall, autumn*
  avanzare *to go on*

avere *to have, to be*
  io ho *I have*
  ... anni *to be...years old*
  del tutto *to have everything*
  fretta *to be in a hurry*
  fame *to be hungry*
  ragione *to be right*
  sete *to be thirsty*
  bisogno di *to need*
  Cos'hai?/Cos'ha Lei?
    What's the matter with you?
l' avvocatessa *lawyer*
l' avvocato *lawyer*
  azzurro(a) *blue*

— B —

il bagno *bathroom*
  ballare *to dance*
la bambina *young girl, child*
i bambini *children*
il bambino *young boy, child*
la banca *bank*
il baseball *baseball*
  basso(a) *short*
  bella *pretty*
  bello *handsome*
  bene *well*
    sto bene *I am fine*
    ben fatto *well done*
    va bene *okay, all right*
  bere *to drink*
la bevanda *drink*
  bianco(a) *white*
la bibita *soft drink*
la biblioteca *library*
il bibliotecario *librarian (m.)*
la bibliotecaria *librarian (f.)*
il bidone *can*
  il bidone delle immondizie *garbage can*
la biglietteria *ticket window*
il biglietto *ticket*
la biologia *biology*
la bistecca *steak*
la blusa *blouse*
la bocca *mouth*
il borgo *borough*
la borsa *handbag*
la bottiglia *bottle*
  bowling *bowling*
    giocare a bowling *to bowl*
il braccio *arm*
  brutto(a) *ugly*
il budino *pudding*

  buono(a) *good*
  buon'idea *good idea*
  buona notte *good night*
  buona sera *good evening*
  buon pomeriggio *good afternoon*
il burro *butter*

— C —

il caffè *coffee*
  espresso *demi-tasse*
  cappuccino *demi-tasse coffee and milk*
il caffé *café, coffee shop*
la calcolatrice *calculator*
  caldo(a) *hot*
il calore *heat*
le calze *stockings*
i calzini *socks*
  cambiare *to change*
la camera *room*
  la camera da letto *bedroom*
la cameriera *waitress*
il cameriere *waiter*
la camicia *shirt*
il cancellino *eraser*
  cantare *to sing*
i capelli *hair*
  capire *to understand*
la capitale *capital*
il cappello *hat*
il cappotto *overcoat*
  caro(a) *dear, expensive*
il carciofo *artichoke*
la carne *meat*
la carta di credito *credit card*
la casa *house*
la casalinga *housewife*
la casseruola *casserole*
la catena di montagne *mountain chain*
la cattedrale *cathedral*
  cattivo(a) *bad*
  c'è *there is, is there?*
la cena *dinner*
  cenare *to eat dinner*
  cento *one hundred*
il centro *downtown, center*
  cercare *to look for*
i cereali *cereal*
  certo *certainly, of course*
il cestino *waste paper basket*

chi? *who?*
>Di chi è...? *Whose is ...?*

chiacchierare *to chat*

chiamare *to call*
>Mi chiamo... *My name is...*

chiedere *to ask for*
>Io chiedo... *I ask for....*

la chiesa *church*

la chimica *chemistry*

la chitarra *guitar*

ciao *hello*

il cibo *food*

cinese *Chinese*

cinquanta *fifty*

cinque *five*

cinquecento *five-hundred*

la cintura *belt*

la cioccolata *hot chocolate, chocolate*

cioè *that is*

circa *about*

il circolo *club*

circondato(a) *surrounded*

ci sono *there are*

la città *city*

la classe *class*

il cliente *client, customer*

il clima *climate*

la coincidenza *connection (subway, train)*

la colazione *lunch, brunch*
>prima colazione *breakfast*

il collo *neck*

il colore *color*
>Di che colore è... *What color is...?*

il coltello *knife*

come *how, like, as*
>Come stai?/Come sta Lei?
>>*How are you?*

>Come sei?/Com'è Lei?
>>*What are you like?*

>Come ti chiami?
>>*What is your name?*

>Com'è...? *What is ... like?*

>Come sono...? *What are ... like?*

>Come va? *How are things?*
>>*How are you?*

la commedia *comedy, play*

la commessa *salesgirl*

il commesso *salesman*

il comò *dresser, chest of drawers*

comodo *comfortable*

la compagnia *company*

i compiti *homework*

il compleanno *birthday*

comprare *to buy*

il computer *computer*

con *with*

con me *with me*

conoscere *to know, to recognize*
>io conosco *I know*

consegnare *to deliver*

conservare *to keep*

il contabile *accountant*

contanti *cash*
>Paga in contanti?
>>*Are you paying in cash?*

contento(a) *content, happy*

il continente *continent*

continuare *to continue*
>continuare sempre dritto
>>*go straight ahead*

il conto *bill, check*

la conversazione *conversation*

la cosa *thing*

così-così *fair, so-so*
>Sto così-così. *I am so-so.*

la costa *coast*

costare *to cost*
>Quanto costa?
>>*How much does it cost?*

la costoletta *chop*
>di maiale *pork chop*

la cravatta *necktie*

creativo(a) *creative*

il cucchiaino *teaspoon, demi-tasse spoon*

il cucchiaio *spoon*

la cucina *kitchen, stove*

cucinare *to cook*

la cugina *cousin (f.)*

il cugino *cousin (m.)*

curare *to take care of*

=== **D** ===

da *from, to, at*

dare *to give*

la data *date*

la dattilografia *typewriting*

debole *weak*

decidere *to decide*

decimo(a)   *tenth*
delle   *of the, some*
desiderare   *to wish, to want*
   Cosa desidera?
      What would you like?
la destra   *right (direction)*
   a destra   *to the right*
di   *of, from*
dicembre   *December*
dieci   *ten*
   diciannove   *nineteen*
   diciotto   *eighteen*
   diciassette   *seventeen*
difendere   *to defend*
difficile   *difficult*
il dipartimento   *department*
dire   *to say*
   io dico   *I say*
   dicono che   *they say that*
il disco   *record*
la discoteca   *discoteque*
dispiacere   *to upset, to displease*
   Mi dispiace.   *I'm sorry.*
distante   *far*
la distanza   *distance*
il dito   *finger*
divertente   *fun, amusing*
il divertimento   *fun, amusement*
divertirsi   *to have fun, to enjoy oneself*
   Divertiti!   *Have a good time!*
dividere   *to divide, to share*
la doccia   *shower*
   farsi la doccia   *to take a shower*
dodici   *twelve*
dolce   *sweet*
il dolce   *cake, dessert*
   per dolce   *for dessert*
la domanda   *question*
domandare   *to ask a question*
domani   *tomorrow*
domenica   *Sunday*
la donna   *woman*
dopo   *later, afterwards*
   dopo la cena   *after dinner*
dormire   *to sleep*
   io dormo   *I sleep*
il dottore   *doctor*
la dottoressa   *doctor*

dove   *where*
   Dove vai?   *Where are you going?*
   Dov'è?   *Where is it?*
   Dove si parla italiano?
      Where is Italian spoken?
   Di dove sei?   *Where are you from?*
   Dove abiti? / Dove abita Lei?
      Where do you live?
due   *two*
duecento   *two hundred*
duemila   *two thousand*
durante   *during*

E

e   *and*
è   *is*
   È da molto che non ti vedo.
      I haven't seen you in a long time.
eccellente   *excellent*
l' economia   *economy*
l' edicola   *newspaper stand*
l' edificio   *building*
l' educazione   *education, manners*
   È molto educato.
      He has good manners.
l' elettricista   *electrician*
entrare   *to enter*
l' entrata   *entrance*
l' esame   *exam*
essere   *to be*
est   *east*
estinguere   *to extinguish*
estremo(a)   *extreme*
età   *age*
   della sua età   *of his/her age*
l' Europa   *Europe*

F

facile   *easy*
i fagioli   *beans*
i fagiolini   *string beans*
la fame   *hunger*
   Ho fame.   *I'm hungry.*
la famiglia   *family*
fare   *to do*
   io faccio ...   *I do ...*
      gli esercizi   *exercises*
   Si fa tardi.   *It's getting late*
   fare una passeggiata   *to take a walk*
   fare una domanda   *to ask a question*

fare male   *to ache*
      Cosa ti fa male?/Cosa Le fa male?
        What hurts you?
    Mi fa male...   *...hurts me*
    fare il bucato   *to do the laundry*

la farmacia   *the drug store*
il favore   *favor*
    per favore   *please*
  febbraio   *february*
la febbre   *fever*
la fermata   *stop (e.g. bus)*
la festa   *party, feast*
la fidanzata   *girlfriend, fiancée*
il fidanzato   *boyfriend, fiancé*
la figlia   *daughter*
il figlio   *son*
il film   *movie*
il finesettimana   *weekend*
    alla fine di   *at the end of*
  fino a   *until*
il fiore   *flower*
  Firenze   *Florence*
la fisica   *physics*
il fiume   *river*
la foglia   *leaf*
il foglio di carta   *piece of paper*
  fondare   *to found, to build*
  fondo   *back*
    È in fondo.   *It's in the back.*
la forchetta   *fork*
il formaggio   *cheese*
  formare   *to form*
  forte   *strong*
il fotografo   *photographer*
la fortuna   *fortune, luck*
    Che fortuna!   *What luck!*
la fragola   *strawberry*
il francese   *French*
il francobollo   *postage stamp*
il fratello   *brother*
  freddo(a)   *cold*
    fa freddo   *it is cold*
la frequenza   *attendance*
  frequentare   *to attend*
  frequente   *frequently*
    con frequenza   *frequently*
  fresco(a)   *cool*
    fa fresco   *it is cool*
la fretta   *hurry, rush*
    avere fretta   *to be in a hurry*
il frigorifero   *refrigerator*
  fritto(a)   *fried*
la frutta   *fruit*
il fruttivendolo   *fruit store*

G

il gabinetto   *restroom*
la gamba   *leg*
il garage   *garage*
il gas   *gas, gasoline*
il gelato   *ice cream*
  generalmente   *generally*
  generoso(a)   *generous*
i genitori   *parents*
  gennaio   *January*
la gente   *people*
  gentile   *kind, nice*
la geometria   *geometry*
il gesso   *chalk*
la giacca   *jacket*
  giallo(a)   *yellow*
il giardino   *garden*
  giocare   *to play a game*
    a baseball   *baseball*
    a pallavolo   *volleyball*
    a calcio   *soccer*
il gioco   *game*
il giornale   *newspaper*
il giorno   *day*
    giorno di festa   *holiday*
    Buon giorno!   *Good morning!*
il giovane   *young man*
la giovane   *young lady*
i giovani   *young people, teenagers*
  giovedì   *Thursday*
il giradischi   *record player*
  giugno   *June*
  gli (m. pl.)   *the*
la gola   *throat*
la gomma   *pencil eraser*
la gonna   *skirt*
  golf   *golf, sweater*
il grado   *degree*
  grande   *large*
  grasso(a)   *fat*
  grazie   *thank you*
    Molte grazie!   *Many thanks!*
  grigio(a)   *grey*
il gruppo   *group*
  guadagnare   *to earn*
i guanti   *gloves*
  guardare   *to look at*
    la televisione   *television*
    Guarda!   *Look!*

H

l' hamburger *hamburger*
l' hockey *hockey*
l' hotel *hotel*

I

i (m. pl.) *the*
l' idea *idea*
　　buon'idea *good idea*
l' idioma *language*
l' idraulico *plumber*
il (m. s.) *the*
le immondizie *garbage*
imparare *to learn*
improvvisamente *suddenly*
in *in, on*
incontrarsi *to meet*
　　si incontra con *he/she meets*
l' indirizzo *address*
indossare *to wear*
industriale *industrial*
l' infermiera *nurse*
l' infermiere *nurse*
l' informazione *information*
l' ingegnere *engineer*
l' Inghilterra *England*
l' inglese *English*
l' insalata *salad*
l' insegna *sign*
insegnare *to teach*
intelligente *intelligent*
interessante *interesting*
interesse *interest*
　　un luogo di interesse
　　　　a place of interest
inverno *winter*
invitare *to invite*
isola *island*
l' Italia *Italy*
l' italiano *Italian*

L

la (f. s.) *the*
la lampada *lamp*
largo(a) *wide*
lasciare *to leave*
il latino *Latin*
il lato *the side*
il latte *milk*
la lattuga *lettuce*
laurearsi *to graduate*
　　si laurea *s/he graduates*
la lavagna *chalkboard*
il lavandino *sink*

lavare *to wash*
　　i piatti *the dishes*
　　i panni *the clothes*
lavarsi *to wash oneself*
lavorare *to work*
le (f. pl.) *the*
leggere *to read*
　　il giornale *newspaper*
lei *she*
Lei *you (formal)*
la lettera *letter*
la letteratura *literature*
il letto *bed*
la lezione *lesson*
lì *over there*
libero(a) *free, available*
　　tempo libero *free time*
la libreria *library*
il libro *book*
lieto(a) *happy*
　　Molto lieta. *Delighted to meet you.*
il limone *lemon*
la linea *line*
la lingua *tongue, language*
la lista *list, menu*
lo (m. s.) *the*
lontano(a) *far away*
loro *they*
luglio *July*
lui *he*
lungo *long*

M

il macellaio *butcher*
la macelleria *butcher shop*
la madre *mother*
la maestra *teacher (f.)*
il maestro *teacher (m.)*
il magazzino *department store*
maggio *May*
maggiore *older, major*
magro(a) *skinny, thin*
il maiale *pork*
la maionese *mayonaise*
il malato *sick man*
la malata *sick woman*
　　Sono ammalato(a). *I am sick.*
male *bad*
　　Non c'è male. *Not too bad.*
　　mal di denti *toothache*
　　mal di stomaco *stomachache*
　　mal di testa *headache*
la mamma *Mom*

mancare   *to miss*
>Cosa ti manca?/Cosa Le manca?
>>*What are you missing?*

la mancia   *tip (to a waiter, etc.)*

mangiare   *to eat*
>cenare   *to eat dinner*
>pranzare   *to eat lunch*

la maniera   *custom, manner, way*
>la maniera migliore   *best way*

la mano   *hand*

la marca   *brand*

il mare   *sea, beach*

il marito   *husband*

la marmellata   *jelly*

marrone   *brown*

martedì   *Tuesday*

marzo   *March*

la matematica   *mathematics*

la materia   *subject*

la matita   *pencil*

il matrimonio   *wedding*

la mattina   *morning*
>di mattina   *in the morning*

me   *me*

il meccanico   *mechanic*

la medicina   *medicine*

il medico   *doctor (m. or f.)*

il Mediterraneo   *Mediterranean Sea*

la mela   *apple*

meno   *less, minus*
>È l'una meno dieci.
>>*It's ten to one.*

la mensa   *cafeteria*

il menù   *menu*

mercoledì   *Wednesday*

il merluzzo   *whiting (fish)*
>al forno   *baked*

il mese   *month*

la messa   *mass (church)*

la metropolitana   *subway*

mettere   *to put*

mettersi   *to put on, to wear*

mezzo(a)   *half*
>Sono le otto e mezza.
>>*It's eight thirty.*

i mezzi   *means*
>di trasporto
>>*means of transportation*

mi   *me, to me, for me*

migliorare   *to improve*

migliorarsi   *to improve oneself*

migliore   *better*
>il mio migliore amico
>la mia miglior amica
>>*my best friend*

milione   *million*
>un milione di...   *a million...*
>due milioni di...   *two million...*

mille   *one thousand*
>due mila   *two thousand*
>dieci mila   *ten thousand*
>trenta mila   *thirty thousand*

minestra   *soup*

minore   *younger, less, smaller*

mio(a)   *my, mine*

la misura   *size*

i mobili   *furniture*

il modello   *model*

moderno(a)   *modern*

la moglie   *wife*

molare   *molar (tooth)*

molto(a)   *many, much*

molto   *very*
>molto interessante   *very interesting*
>molto gentile   *very kind*

il momento   *moment*

la montagna   *mountain*

montagnoso   *mountainous*

montare in bicicletta   *ride a bicycle*

il monte   *mountain*

il monumento   *monument*

il museo   *museum*

la musica   *music*

il musicista   *musician*

il muro   *wall*

═══════════ N ═══════════

nascere   *to be born*

il naso   *nose*

nazionale   *national*

necessario(a)   *necessary*

il negozio   *store*
>di abbigliamento   *clothing store*

nemmeno   *neither*
>nemmeno io   *neither do I*

né.....né   *neither.....nor*

nero(a)   *black*

nessuno(a)   *no one, none*

la neve   *snow*

nevicare   *to snow*
>Nevica.   *It's snowing. / It snows.*

niente   *nothing*

il nipote *nephew, grandson*
la nipote *niece, granddaughter*
i nipoti *nephews, nephews and nieces grandsons, grandchildren*
no *no*
noi *we*
noioso(a) *boring, annoying, irritating*
non *not*
la nonna *grandmother*
i nonni *grandparents*
il nonno *grandfather*
nono(a) *ninth*
nord *north*
    nordamerica *North America*
    nordamericano *North American*
    nordest *northeast*
    nordovest *northwest*
la notte *night*
    Buona notte. *Good night.*
notturno(a) *of the night, night, nocturnal*
novanta *ninety*
nove *nine*
novecento *nine hundred*
la novella *short story*
novembre *November*
il numero *number*
nuotare *to swim*
nuovo(a) *new*
nuvoloso(a) *cloudy*
    È nuvoloso. *It is cloudy.*

========== O ==========

gli occhiali *eyeglasses*
    da sole *sunglasses*
l' occhio *eye*
l oceano *ocean*
oggi *today*
ogni *each, every*
ognuno(a) *everyone, each one*
l' ombrello *umbrella*
l' opportunità *opportunity*
l' ora *hour*
ora *now, at present*
l' orario *timetable*
l' ordine *order*
l' orecchio *ear*
l' orologio *clock, watch*
l' ospedale *hospital*
ottanta *eighty*
ottavo(a) *eighth*

ottenere *obtain*
otto *eight*
ottobre *Octobre*
ottocento *eight hundred*
l' ovest *west*

========== P ==========

il Pacifico: l'oceano Pacifico *Pacific Ocean*
il padre *father*
il paese *country, town*
pagare *to pay*
il palazzo *building, palace*
    Palazzo Reale *Royal Palace*
il pallone *ball (soccer, football, volleyball)*
il pane *bread*
il panificio *bread bakery*
il panino *roll, sandwich*
i pantaloni *pants*
    blue-jeans *blue jeans*
    corti *shorts*
il parco *park*
i parenti *relatives*
parere *to seem, to look, to appear*
    Che te ne pare?/Che Le ne pare? *What do you think of it?*
    Mi pare... *I think...*
parlare *to speak*
    al telefono *on the phone*
    Si parla italiano in... *Italian is spoken in...*
la parte *part, portion*
partecipare *to participate*
passare *to pass*
    passare molto tempo *to spend a lot of time*
la passeggiata *stroll, walk*
    fare una passeggiata *to take a walk*
la pasticceria *pastry shop*
il pasticciere *baker, pastry cook*
la patata *potato*
pattinare *to skate*
    pattinare su ghiaccio *ice skate*
il pavimento *the floor (of a house) pavement (of a street)*
il paziente *patient, sick person*
la pazienza *patience*
il pediatra *pediatrician*
la penna *pen*
    penna biro *ball point pen*
    penna stilografica *fountain pen*
per *for, by, through*

perché   *why?, because*
   Perché non vai?   *Why don't you go?*
la   pera   *pear*
perdere   *to lose, to miss*
   perdere il treno   *to miss the train*
pericoloso(a)   *dangerous*
il   permesso   *permission*
   con permesso   *excuse me*
però   *however, but, therefore*
per piacere   *please*
per favore   *please*
la   persona   *person*
il   pesce   *fish*
la   pescheria   *fish store*
il   peso   *weight*
il   pezzo   *piece*
piacere   *to like, to please*
   Cosa ti piace fare?/Cose Le piace fare?
      What do you like to do?
   Mi piace...   *I like...*
   Ti piacerebbe ..?   *Would you like to ..?*
   Mi piacerebbe ...   *I would like to ...*
il   piacere   *pleasure, amusement*
   Piacere di fare la Sua conoscenza.
      Pleased to meet you.
   Il piacere è mio.   *My pleasure.*
la   piattaforma   *platform*
il   piano (pianoforte)   *piano*
il   piano   *floor (of a house)*
piano(a)   *soft, gentle*
la   piantina   *map*
il   piatto   *dish*
la   piazza   *square, plaza*
   Piazza S. Pietro   *St. Peter's Square*
il   piede   *foot*
pigro(a)   *lazy*
il   pilota   *pilot*
piovere   *to rain*
   Piove.   *It's raining. / It rains.*
i   piselli   *peas*
più   *more*
la   pizza   *pizza*
poco   *few, small quantity*
poi   *afterwards, then, after*
il   politico   *politician*
il   poliziotto   *policeman*
il   pollo   *chicken*
la   poltrona   *armchair, easy chair*
il   pomeriggio   *afternoon*
   Buon pomeriggio.   *Good afternoon.*
   Nel pomeriggio...   *In the afternoon...*
il   pomodoro   *tomato*

il   pompiere   *fireman*
la   popolazione   *population*
la   porta   *door*
portare   *to carry, to wear, to bring*
   portami...   *bring me...*
portarsi   *to behave*
il   Portogallo   *Portugal*
portoghese   *Portuguese*
la   posta   *mail*
   l'ufficio postale   *post office*
il   postino   *mailman*
il   posto   *place*
   Non vado a nessun posto.
      I'm not going anywhere.
potere   *to be able to*
   Può dirmi?   *Can you tell me?*
   Non posso.   *I cannot.*
povero(a)   *poor*
il   pranzo   *supper*
praticare   *to practice*
preferire   *to prefer*
   Io preferisco...   *I prefer...*
preferito(a)   *preferred*
preparare   *to prepare*
presentare   *to present*
prestare   *to lend*
   Mi presti...?   *Will you lend me...?*
il   prezzo   *price*
prima   *before*
la   primavera   *spring*
primo(a)   *first*
il   primo   *first course of a meal*
principale   *principal, main*
il   professore   *professor, teacher*
la   professoressa   *professor, teacher*
il   profumo   *perfume*
il   programma   *program*
il   programmatore   *programmer (m.)*
la   programmatrice   *programmer (f.)*
   di computers   *computer*
pronto(a)   *ready*
   Sono pronto per...   *I'm ready for...*
il   proposito   *purpose, object*
   a proposito   *by the way*
il   prosciutto   *cured ham, prosciutto*
   prosciuttto cotto   *boiled ham*
prossimo(a)   *next*
provare   *to try, to try on*
   provare il vestito   *to try on the suit*
il   psichiatra   *psychiatrist (m.)*
la   psichiatra   *psychiatrist (f.)*
la   psicologa   *psychologist (f.)*
lo   psicologo   *psychologist (m.)*

il pubblico *public*
pulire *to clean*
    la casa *the house*
il punto *point, dot, period*
    interrogativo *question mark*
    esclamativo *exclamation mark*

Q

il quaderno *notebook*
il quadro *painting*
qualcosa *something*
quale? *which one?*
    Qual'è il tuo numero telefonico?
      What is your telephone number?
    Qual'è la data di oggi?
      What is today's date?
quando? *when?*
    Quand'è il tuo compleanno?
      When is your birthday?
quanto? *how much?*
    Quanto costa quella blusa?
      How much does that blouse cost?
    Quanto sono contenta di vederti!
      How happy I am to see you!
    Quante? / Quanti? *How many?*
      Quanti anni hai?
        How old are you?
quaranta *forty*
quarto(a) *fourth*
il quarto *quarter of an hour*
    Sono le due e un quarto.
      It's two fifteen.
quasi *almost*
quattordici *fourteen*
quattro *four*
quegli *those*
quei *those*
quell' *that*
quelle *those*
quello(a) *that*
questa, questo, quest' *this*
queste, questi *these*
quindici *fifteen*
quinto(a) *fifth*

R

raccogliere *to collect, to pick up*
raccomandare *recommend*
la radio *radio*
il raffredore *cold*
la ragazza *girl*

il ragazzo *boy*
il regalo *gift*
il resto *the rest, remainder*
la ragione *reason*
rapidamente *rapidly*
rapido(a) *rapid, swift*
ricco(a) *rich*
ricevere *to receive*
la rimessa *garage*
il rinfresco *refreshment*
ringraziare *to thank, to be thankful*
    Ti ringrazio. *I thank you.*
riposare *to rest, to relax*
    nel letto *in bed*
il riso *rice*
    risotto alla Milanese *Milanese rice*
rispondere *to answer*
il ristorante *restaurant*
la rivista *magazine*
romantico(a) *romantic*
il romanzo *novel*
la rosa *rose*
rosa *pink*
rosso(a) *red*

S

sabato *Saturday*
la sala *living room*
la sala da pranzo *dining room*
il saldo *sale*
il sale *salt*
salire *to rise, to go up*
il salotto *den*
la salsa *sauce*
la salsiccia *sausage*
la salute *health*
i sandali *sandals*
sapere *to know*
    Io so *I know*
    Io no so. *I don't know.*
sboccare *to lead into, to flow into*
la scelta *choice*
sciare *to ski*
la scienza *science*
scomodo(a) *uncomfortable*
la scrivania *desk*
scrivere *to write*
    lettere *letters*
la scuola *school*
    serale *evening*
    media *middle*
    secondaria *high*
    estiva *summer*

se   *if, whether, suppose*

secondo   *second*

   per secondo

      for the main (second) dish

sedersi   *to sit, to seat oneself*

   Io mi siedo...   *I sit down...*

      ...al tavolo.   *...at the table.*

la sedia   *chair*

la segretaria   *secretary*

il segretario   *secretary*

sei   *six*

seicento   *six hundred*

la selezione   *selection*

sempre   *always*

sentire   *to hear, to feel*

   Sento il campanello.   *I hear the bell.*

sentirsi   *to feel*

   Mi sento stanco.   *I feel tired.*

separare   *to separate*

servire   *to serve*

   Io servo...   *I serve*

   Come posso servirLa?

      How can I help you?

sessanta   *sixty*

sesto(a)   *sixth*

la sete   *thirst*

   Ho sete   *I'm thirsty.*

   Ho molta sete.   *I'm very thirsty*

sette   *seven*

settembre   *September*

la settimana   *week*

settimo(a)   *seventh*

sì   *yes*

Signora (Sig.ra)   *lady, Mrs.*

Signorina (Sig.na)   *lady, Miss*

Signore (Sig.)   *gentleman, Mr.*

simpatico(a)   *nice, charming*

la sinagoga   *synagogue*

sincero(a)   *sincere*

sinistra   *left (direction)*

   a sinistra   *to the left*

situato(a)   *situated, located*

il socio   *member*

il sofà   *sofa*

il soggiorno   *living room*

solamente   *only*

i soldi   *money*

il sole   *sun*

   C'è sole.   *It is sunny.*

solo(a)   *only / alone*

il soprabito   *coat*

la sorella   *sister*

il sotterraneo   *basement*

la Spagna   *Spain*

la spalla   *shoulder*

spendere   *to spend money*

la spesa   *expense*

   fare la spesa   *to shop for groceries*

spesso   *often*

la spiaggia   *beach*

lo sport   *sport*

la sposa   *bride, wife*

sposarsi   *to get married*

gli sposi   *married couple*

lo sposo   *groom, husband*

la spremuta di arancio

   freshly squeezed orange juice

lo spuntino   *snack*

la squadra   *team*

lo stadio   *stadium*

la stagione   *season*

stanco(a)   *tired*

la stanza   *room*

stare   *to be, to stand*

stasera   *this evening*

gli Stati Uniti   *United States*

lo stato   *state*

la stazione   *station*

lo stomaco   *stomach*

la storia   *history, story*

storico(a)   *historic*

la strada   *street*

stretto(a)   *narrow, tight*

lo stretto   *strait*

   Lo Stretto di Messina

      The Strait of Messina.

studiare   *to study*

stupido(a)   *stupid*

subito   *quickly, right away*

succedere   *to happen*

   Cosa succede?

      What's happening?

il succo   *juice, nectar*

   succo di albicocche   *apricot nectar*

il sud   *south*

il sudovest   *southwest*

suonare

   to play (an instrument, stereo)

il supermercato   *supermarket*

la svendita   *sale*

T

la	taglia	*size*
	tagliare	*to cut*
	tanto	*so, much, so much*
	tardi	*late*

È tardi.   It's late
Si fa tardi.   *It's getting late.*

la	tavola	*dining room table*
la	tazza	*cup*
il	tè	*tea*
il	teatro	*theatre*
la	tecnologia	*technology*
il	telefono	*telephone*
la	televisione	*television*
il	televisore	*television set*
la	temperatura	*temperature*
il	tempo	*weather*

Che tempo fa?
What's the weather like?
Fa bel tempo.
The weather is good.
Fa cattivo tempo.
The weather is bad.

il	tempo	*time, period of time*

il tempo libero   *free time*
a tempo   *on time*
tennis   *tennis*
le scarpe da tennis   *sneakers*

il	terrazzo	*terrace*
la	testa	*head*
	tipo	*type, kind*

Che tipo di...?   *What kind of...?*

la	toletta	*toilet*
il	tonno	*tuna fish*
la	torta	*cake*
il	tovagliolo	*napkin*
	tra	*between*
il	traffico	*traffic*
il	tramezzino	*sandwich*
	tranquillo(a)	*tranquil, peaceful*
	trasporto	*transport, transportation*
	tre	*three*
	trecento	*three hundred*
	tredici	*thirteen*
	treno	*train*
il	tribunale	*tribunal, court of justice*
	tu	*you*
	tuo(a)	*your, yours*
il	turismo	*tourism*
	tuttavia	*yet, still*
	tutto	*all, every, everything*

tutti i giorni   *every day*
avere del tutto   *to have everything*

U

	ufficiale	*official*
l'	ufficio	*office*
	un(a)	*a, an*
	undici	*eleven*
l'	università	*university*
	uno(a)	*one*
l'	uomo	*man*
l'	uovo	*egg*

le uova   *eggs*

	usare	*to use*
l'	uscita	*exit*
l'	uva	*grape*

V

le	vacanze	*vacation*
la	vaniglia	*vanilla*
	variare	*to vary*
il	vaso	*vase*
	vecchio	*old*
	vedere	*to see*

Io vedo.   *I see.*
vediamo   *let's see*

	vegetale	*vegetable*
	vegetazione	*vegetation*
	vendere	*to sell*

si vende   *is sold*
si vendono   *are sold*

	venerdì	*Friday*
	venire	*to come*

vengo   *I come*
viene   *s/he comes*
che viene   *that is coming, next*

	venti	*twenty*
	vento	*wind*

Tira vento.   *It's windy.*

	verde	*green*
	verdura	*green leafy vegetables*
il	vestito	*suit, dress*
il	veterinario	*veterinarian*
la	via	*avenue*
	viaggiare	*to travel*
	vicino	*near, close*

qui vicino   *nearby*

il	video	*video*
	videoregistratore	*VCR*
	vivere	*to live*
	visitare	*to visit*
il	vitello	*veal*
	volere	*to wish, to want*

voglio   *I want*
vorrei   *I would like*

la   volta   *turn, time, occasion*
       a volte   *sometimes*
       molte volte   *many times, often*
il   voto   *grade*
       prendere un voto   *to receive a grade*

W

il   wurstel   *hot dog*

Z

lo   zaino   *backpack*
lo   zero   *zero*
la   zia   *aunt*
lo   zio   *uncle*
lo   zoo   *zoo*
       il giardino zoologico   *zoo*
la   zuppa   *soup*
       la zuppa inglese
           English trifle (a dessert)
       zuppa di verdura *vegetable soup*